职场新人入职指南丛书

第一份工作 DIYIFEN GONGZUO
提升你的职场能力 TISHENG NI DE ZHICHANG NENGLI

肖斌◎编著

SPM
南方出版传媒
广东经济出版社
·广州·

图书在版编目（CIP）数据

第一份工作，提升你的职场能力／肖斌编著.—广州：广东经济出版社，2016.1
（职场新人入职指南丛书）
ISBN 978－7－5454－4334－9

Ⅰ.①第… Ⅱ.①肖… Ⅲ.①职业选择－青年读物 Ⅳ.①C913.2－49

中国版本图书馆CIP数据核字（2015）第289080号

出 版 人：姚丹林
责任编辑：谭　莉
责任技编：谢　莹
装帧设计：李桢涛

出版发行	广东经济出版社（广州市环市东路水荫路11号11～12楼）
经销	全国新华书店
印刷	惠州报业传媒印务有限公司 （惠城区江北三新村惠州报业传媒大厦1610室）
开本	730毫米×1020毫米　1/16
印张	12.75
字数	208 000字
版次	2016年1月第1版
印次	2016年1月第1次
印数	1～5 000
书号	ISBN 978－7－5454－4334－9
定价	28.00元

如发现印装质量问题，影响阅读，请与承印厂联系调换。
发行部地址：广州市环市东路水荫路11号11楼
电话：（020）38306055　37601950　邮政编码：510075
邮购地址：广州市环市东路水荫路11号11楼
电话：（020）37601980　营销网址：http://www.gebook.com
广东经济出版社新浪官方微博：http://e.weibo.com/gebook
广东经济出版社常年法律顾问：何剑桥律师

前 言
Preface

不论你是一位大学生，还是一位中学毕业就步入社会、进入职场的人，都怀揣着太多的梦想。可毕业了，进入职场才发现梦想被现实瞬间搁浅，漫无目的，找不到方向，不再奢望梦想。

越来越多的新人走入职场。每个初入职场的人都应知道：如何选择自己的职业生涯？如何实现自己的梦想？只有对自己了解得越多、对职场了解得越深，才会在每一个关键时刻，做出对自己最有利的选择，从而实现自己心底的梦想。

生活就是这么现实，生活的品质取决于工作的绩效，工作的绩效取决于工作的态度。在职场中，能否生存和发展与个人能力密不可分，职场的精英们个个有能力，懂规则。个人能力表现为时间掌控能力、知识水平、现场问题解决能力，职场规则表现为判断自身所处环境的能力。在职场中要知道该做什么、怎么做、有时间去做，但是初入职场的新人还不会调剂时间，不知道该怎么做，更不知道一件事情该不该做。

职场新人进入一个新的单位，过渡过程越短，与单位融合得越快、发展得就越快。这个过渡时间的缩短，要靠职场新人们自己好好努力，如懂得职场新人注意事项，了解职场菜鸟生存法则，并和同事建立良好人际关系，掌握的知识、能力如果不能满足工作的需要，职场新人就应该要好好地学习关于职场的各门功课！

“职场新人入职指南”丛书全方位、多角度、深层次地给你进行提示和指导，本丛书包括《职场新人用心做好的66件事》《职场菜鸟44个第一次》《第一份工作，提升你的职场能力》《边干边学，成为职场健康达人》《启动正能量，踏入新职场》五本图书。

《第一份工作，提升你的职场能力》一书从找第一份工作，先了解就业环境；找第一份工作，先做好职业规划；第一次找工作，做好各种功课；第一份工作，坦然面对；第一份工作，练就好态度；第一份工作，培养好品质；第一份工作，养成好习惯七个方面对于新入职场的人提出一种思路和建议。全书通过每个知识点、细节点多角度、全方位进行解读，并设有职场点睛、职场播报、范文赏析栏目，让职场新人能够全面地提升自我，不断提升自己的职场能力。

本书主要给现代年轻人，尤其是90后、95后的职场新人、新毕业的大中专学生提供了一种全新的阅读模式，也就是快餐式、碎片化的阅读方法，读起来轻松、自然。适合企业、培训机构团购，用于培训；也是新入职大中专学生或新人从业的的入门、参考、培训用书。

由于编者水平有限，加之时间仓促、参考资料有限，书中难免出现疏漏与缺憾，敬请读者批评指正。同时，由于写作周期紧迫，部分内容引自互联网媒体，其中有些未能一一与原作者取得联系，请您看到本书后及时与编者联系。

编者

2016年1月

目　录 Contents

第一章　找第一份工作，先了解就业环境

就业环境分析是为了使求职者能够从较为宏观的层面上对就业需求、就业供给、就业竞争及其发展趋势有一个较为清晰的认识。人的认识是由环境决定的，每位求职者对自己的职业发展道路的设计也必须从现实所处的阶段和条件出发。环境分析是做好职业生涯规划的需要，也是求职定位的前提。

第二章 找第一份工作，先做好职业规划

职业生涯规划，对职场新人而言，就是在自我认知的基础上，根据自己的专业特长、知识结构，结合社会环境与市场环境，对将来要从事的职业以及要达到的职业目标所做的方向性的方案。通过对自己职业生涯的规划，尽早确定自己的职业目标，选择自己职业发展的地域范围，把握自己的职业定位，保持平稳和正常的心态，按照自己的目标和理想有条不紊、循序渐进地努力。

第三章 第一次找工作，做好各种功课

制定好了自己的职业规划，下一步就是如何找工作了。俗话说：“有多大的金刚钻，就揽多大的瓷器活”。求职者最好能根据自身的实际情况去锁定目标，选择工作，只有合适的工作才是最好的岗位。然后尽可能多地去了解用人单位的情况，准备好相关资料参加面试，从容地成为一名职场人。

第四章 第一份工作，坦然面对

只顾耕耘不问收获，是做第一份工作时最重要的心态。第一份工作不管是就业得来的，还是择业得来的，都不重要，重要的是它对你以后职业的选择和职业的成功，一定会有很重要的关联。了解自己，发现自己的独特优势，尽早确定自己的职业生涯目标，慎重对待人生的第一份工作。

第五章 第一份工作，练就好态度

无论做什么事情，在什么岗位，有什么样的远大理想，态度决定将要达到的高度。工作态度第一，能力第二；工作态度决定一切，工作态度评价就是一切的评价；工作可以平凡，工作态度不能平庸。

第六章 第一份工作，培养好品质

优秀的品质是个人成功最重要的资本，是人最核心的竞争力。具有优秀品质的人，总是会时常从内心爆发出积极的力量。可以说，好的品质是推动一个人人生不断前进的动力。或者说，品质就意味着职场上的竞争力。

第七章 第一份工作，养成好习惯

著名心理学巨匠威廉·詹姆士说：“播下一个行动，收获一种习惯；播下一种习惯，收获一种性格；播下一种性格，收获一种命运。”正所谓观念变，行动就变；行动变，习惯就变；习惯变，性格就变；性格变，命运就变；命运变，人的一生就改变。

第一章

1

找第一份工作，先了解就业环境

就业环境分析是为了使求职者能够从较为宏观的层面上对就业需求、就业供给、就业竞争及其发展趋势有一个较为清晰的认识。人的认识是由环境决定的，每位求职者对自己的职业发展道路的设计也必须从现实所处的阶段和条件出发。环境分析是做好职业生涯规划的需要，也是求职定位的前提。

第一节　就业形势大扫描

职场点睛

求职者了解了当前的就业形势、经济形势等社会大背景，才能知己知彼，百战不殆。才能在求职之路上深入分析，准确定位，更好地谋划出路。

影响就业形势的因素纷繁复杂，既有来自国内经济增长速度和产业结构的变化、人口年龄结构和生育政策的变化等，也有来自国际经济环境变化等因素。这些因素当中既有积极有利的方面，也有消极不利的方面。

因素01：就业市场的变化

由于大学生就业人数继续上升、社会经济下行压力较大、国际经济形势欠佳、公招性岗位招聘数量大量缩减等原因，大学毕业生的就业形势依然十分严峻。但是，就业市场更趋公平、公开，大学生创业、基层就业、西部计划、入

伍等政策优惠力度加大，以及城镇化会大大增加乡镇企业法务、高层次社会工作者、基层管理人员的需求等有利因素，因此作为大中专毕生业，既要增强就业的主动性和紧迫感，更要增强就业的自信心。

因素02：用人单位的需求

由于当前就业形势不确定性因素很多，导致整体市场需求层次降低，需求量总体减少。大中型企业和传统事业单位由于转型发展或者编制控制，需求量减少，部分外企总部和生产中心西移，地区需求量也明显减少；另外，中小型民营企业需求旺盛，需求层次不断提高。这些因素都导致供需市场结构性矛盾进一步加剧。

因素03：就业的竞争力

从总体上说，目前求职大环境是不理想的，僧多粥少，必然加剧竞争。从目前的求职市场来看，毕业院校很大程度会决定毕业生的出路。越是往上（顶端为第一类）走，企业招聘的限制便越少，毕业生获得好工作的机会便越多。

比如说，名企招聘几乎限定于211院校，对于普通院校和专科院校毕业生来说，他们无法构成有效竞争。于是，我们便可依此进行分类：

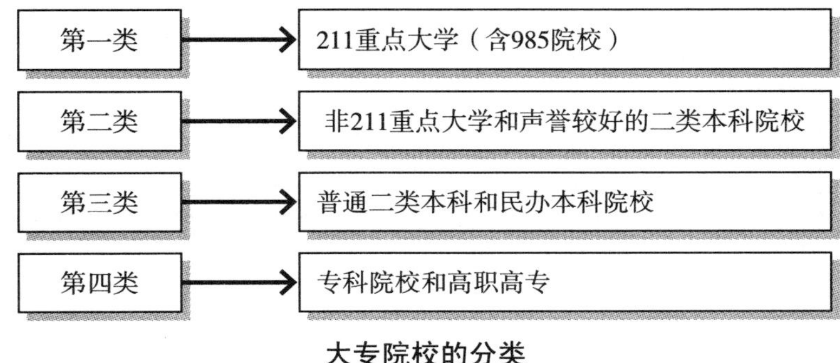

大专院校的分类

上述分类的着眼点在于就业竞争力和招聘限制条件，将上述院校分成四类，有利于毕业生科学、合理地定位。

必须说明，这种分类不是绝对的，更不是机械的。现实生活中普通院校毕业生抢走名校毕业生“饭碗”的现象并不少见。当然，尽管分类不是绝对的，但对于广大毕业生来说，仍具有重要的参考意义。

因素04：就业的态度

目前，很多毕业生受一些所谓的专家主流就业观的影响，致使在对待就业问题上，容易走入误区。很多专家抛出“先就业后择业”的观点，这种观点很容易引导毕业生步入误区。他们在选择一份工作时，本着“骑驴找马”的想法，不考虑职业理想、专业背景、兴趣爱好、性格特长等重要因素。在实现就业后，往往会因自身问题而辞职，试图寻找一份更适合的工作（择业）。理想很丰满，现实很骨感。现实的情况是，他们中的绝大多数并非个人能力超群或学校（家庭）背景优异，导致他们没能成功“择业”，而是陷入一步错、步步错的怪圈中。

所以，秉持什么样的求职态度，便是求职的第一个问题。正确的做法便是在科学合理定位自己后，应将求职上升到人生职业的高度，谨慎选择一份工作。当然，这需要全盘的准备，需要下苦功夫。

因素05：影响就业的要素

对于刚毕业即将进入职场的新人来说，影响就业的要素主要有以下三个方面。

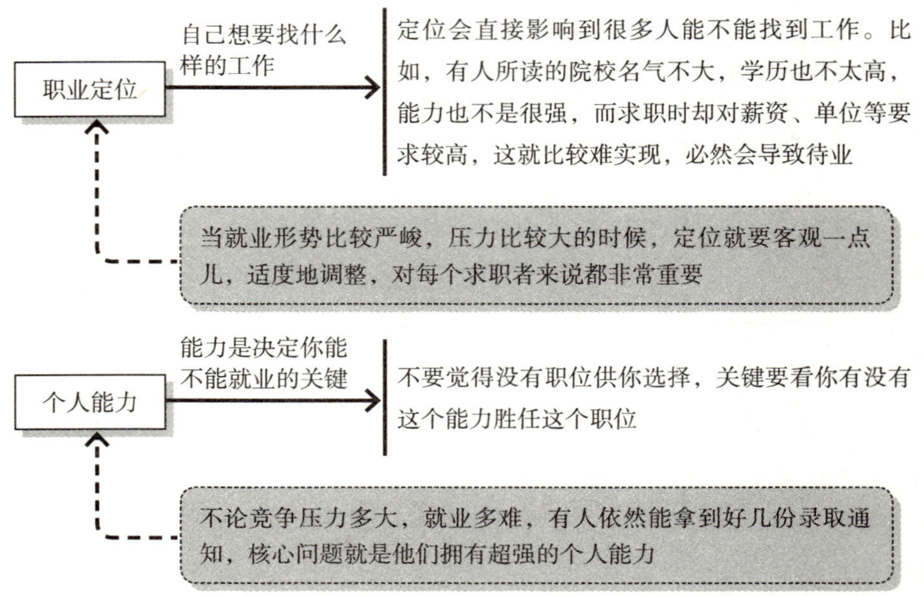

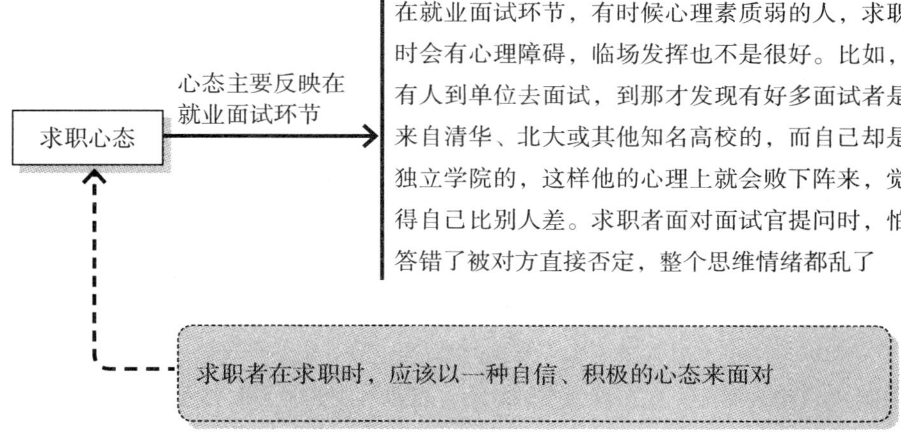

影响就业的主要要素

职场播报

2015年大学生就业现状：就业不难择业难

据赛迪网讯2014年11月25日报道，随着大学生数量的逐年增多，我国面临着高学历人才就业难的问题。而随着政府相关政策的完善和商业环境的良性发展，似乎整体情况有所好转。尤其是2015年度的大学生就业情况，也随着很多企业深入学校进行校园招聘，逐渐明晰起来。

1. 校招已开启，就业前景值得期待

从目前各大高校的校招情况来看，整体招收人数、岗位待遇、未来发展前景，远远好于其他年份。比如目前在国内颇具盛名的广州多益网络科技有限公司，便进行了大面积的高校冬季招聘，在北京、广州、成都等六大城市推出了13场大型主题宣讲会，超过了600个岗位等待着毕业生的竞聘，而且最高的年薪待遇超过15万元，最低的也有6万元。

这便是目前2015年大学生就业情况的一个缩影，大量的企业已经开始着眼于优秀毕业生的人才资源，力求能够找到最适合自己发展的可用之才。

2. 就业容易择业难，大学生仍然比较迷茫

虽然就业环境尚可，企业所提供的岗位待遇也比较优厚，但是很多大学生对于职业生涯并未有着清醒的认识。

比如多益网络此次招聘的岗位来看，主要包含了程序类、策划类、职能类三种，包含了近20个小类。而很多毕业生尚未考虑好自身是否适合在游戏、软件行业发展，往往错失了进入到优秀企业、获得畅通晋升管道的机会。而相对于校招，大学生走向社会后想要进入到这类公司难度会增加不少。

一些教育专家建议，这样的局面应该从两个方面进行解决。首先是学校方面可以在学生走向社会之前的就业课程中，带入各行各业、不同职位的相关简介。其次就是企业在进行宣讲之前，可以在校内提前进行相关介绍。

第二节　就业性质总盘点

职场点睛

求职者在选择就业单位前，首先应弄明白拟去就业的单位性质和种类，结合自己的实际情况和专业能力来综合考量就业单位的优劣予以取舍。

就业性质就是你所在的单位性质是什么，比如行政单位、事业单位、国有企业、私营企业还是外资企业等等。

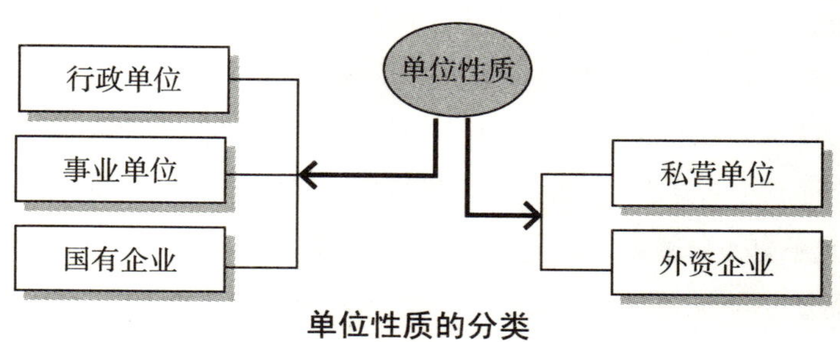

单位性质的分类

性质01：行政单位

行政机关是指依宪法和有关组织法的规定设置的，行使国家行政职权，负责对国家各项行政事务进行组织、管理、监督和指挥的国家机关。

行政单位是进行国家行政管理、组织经济建设和文化建设、维护社会公共秩序的单位，主要包括国家权力机关、行政机关、司法机关、检察机关以及实行预算管理的其他机关、政党组织等。与行政机关是有区别的，这里主要是财政上的概念。其人员实行公务员体制管理，经费、工资福利等全部由政府拨付。

行政单位包括国务院及其所属各部、委各直属机构和办事机构；派驻国外的大使馆、代办处、领事馆和其他办事机构；地方各级人民政府及其所属的各工作部门；地方各级人民政府的派出机关，如专员公署、区公所、街道办事处、驻外地办事处；其他国家行政机关，如海关、商品检验局、劳改局（处）、公安消防队、看守所、监狱、基层税务所、财政驻厂员、市场管理所等。

性质02：事业单位

事业单位是指国家为了社会公益目的，由国家机关举办或者其他组织利用国有资产举办的，从事教育、科技、文化、卫生等活动的社会服务组织。

事业单位一般要接受国家行政机关的领导，要有其组织或机构的表现形式，要成为法人实体。事业单位绝大部分由国家出资建立，大多为行政单位的下属机构，也有一部分由民间建立，或由企业集团建立。与企业相比，事业单位有以下特征：

（1）不以盈利为目的。

（2）财政及其他单位拨入的资金主要不以经济利益的获取为回报。

中国的事业单位在功能上对应国外的是非营利组织、非政府组织，国外的这些组织是社会自治组织，在中国的事业单位和政府的关系比较密切。这种不同点，有些是社会体制不同造成的，有的是由于中国的社会自治能力不足造成的。

教育事业单位主要包括中小学、幼儿园、各类中等专业学校、各类大专院校、各类干部管理院校、各类工读学校、盲聋哑学校等。

卫生事业单位主要包括各类医院、疾病预防控制中心、采血中心（站）、计划生育技术指导中心（站）、药品检验所（站）、食品检验所（站）、卫生监督所等。

农业事业单位主要包括农业技术推广站、农经站、林业站、水利站、畜牧兽医站、水产站、种子（苗圃）站、动植物防疫（站）、水文勘测站、水流域管理（所）、水文站等。

科技事业单位主要包括基础型科研院所、应用型科研院所、基础理论研究院所、人文历史研究院所、综合性科学研究单位等。

文化事业单位主要包括各类演出团（院、队）、艺术制作中心、音像影视制作中心、图书馆、档案馆、文物保护站、青少年宫、广播电台（站）、电视台、各类报社、期刊社、各类编辑部、各类图书出版社、音像出版社、电子出版社、新闻中心、新闻社等。

体育事业单位主要包括各类运动队、俱乐部、各类训练基地、比赛场馆等。

城市公用事业单位主要包括园林绿化队（站）、公园、游乐园、环卫所、市政工程队、住房公积金管理中心、房屋建设服务中心、房地产交易中心、房屋安全鉴定所（站）等。

交通事业单位主要包括公路养护段（站）、公路运输管理局（处、所）、稽查征费管理局（处、所）、航务港监船舶检验局（处、所）、救助打捞队等。

社会福利事业单位主要包括养老院、福利院、孤儿院、干休所、荣军院、疗养院、休养所、残疾人康复中心、残疾人用品供应站、殡仪馆、火葬场等。

机关后勤服务事业单位主要包括食堂、水电班、车队、小卖部、门诊部、修缮队、总机班、文印室、印刷所、招待所、宾馆等。

社会中介服务事业单位主要包括信息中心、技术创新中心、技术交流中心、职业介绍中心、律师事务所、会计师事务所、审计事务所、商标事务所、版权事务所、交易所等。

此外，还有气象、环境保护、质量技术监督检测、知识产权保护以及银行监管、证券监管、保险监管、电力监管等各类独立监管单位。

性质03：国有企业

国际惯例中，国有企业仅指一个国家的中央政府或联邦政府投资或参与控制的企业；而在中国，国有企业还包括由地方政府投资参与控制的企业。政府

的意志和利益决定了国有企业的行为。国有企业作为一种生产经营组织形式同时具有营利法人和公益法人的特点。其营利性体现为追求国有资产的保值和增值。其公益性体现为国有企业的设立通常是为了实现国家调节经济的目标，起着调和国民经济各个方面发展的作用。

国有企业可以分为以下四类：

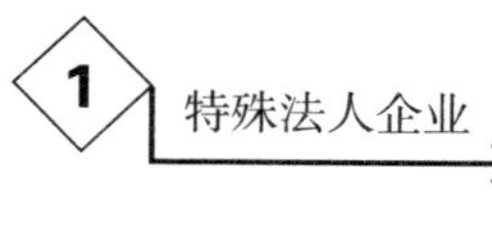

特殊法人企业是指由政府全额出资并明确其法人地位，由国家通过专门的法规和政策来规范，不受公司法规范。这类国有企业被赋予强制性社会公共目标，没有经济性目标，也就是说，它们的作用是直接提供公共服务。比如，国防设施、城市公交、城市绿化、水利等，应该归入这类企业

这类企业需要由公共财政给予补贴才能维持其正常运行

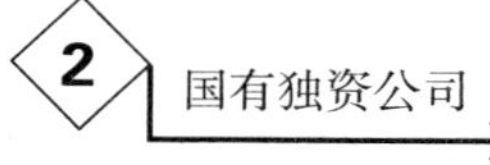

国有独资公司是指由政府全额出资，受公司法规范。这类企业以社会公共目标为主，经济目标居次。这类企业主要是典型的自然垄断企业和资源类企业，比如铁路、自来水、天然气、电力、机场等

从经济学角度，这类企业的产品或服务应该按边际成本或平均成本定价，以此来实现社会福利的最大化

3 国有控股公司

国有控股公司是指由政府出资控股，受公司法规范。这类企业兼具社会公共目标和经济目标，以经济目标支撑社会公共目标。这类企业主要是准自然垄断企业和国民经济发国企展的支柱产业，比如电子、汽车、医药、机场等

这类企业不直接提供公共服务，而是通过向国家财政上交股息和红利，间接提供公共服务。如果由于特殊环境，这类企业不得不履行一些公共职能，则由此造成的损失，由国家财政给予补偿。不过，在补偿以后，股息和红利不能免除。当然，通过约定和核算，二者可以相抵

严格来说应该称之为“国家参股公司”或“政府参股公司”，不是国有企业，政府只是普通参股者，受到公司法规范。这类企业与一般竞争性企业无疑，没有强制性社会公共目标，经济目标居主导。如果它们也提供公共服务，那是它们自觉履行社会责任的行为，应该予以鼓励和支持。比如，中国核工业集团公司、中国航天科技集团公司、中国盐业总公司、中国石油天然气集团公司、中国石油化工集团公司、中国电信集团公司、中国移动通信集团公司、华润（集团）有限公司、中国银行、交通银行等都属于国有企业

对于这类企业，政府参股只是为了壮大国有经济的实力，除此之外，政府对这类企业没有任何其他附加的义务

国有企业的分类

性质04：私营企业

私营企业是指根据国家统计局、国家工商行政管理局《关于划分企业登记注册类型的规定》（1998年8月28日，国统字〔1998〕200号）第九条规定，由自然人投资设立或由自然人控股，以雇佣劳动为基础的营利性经济组织。包括按照《中华人民共和国公司法》、《中华人民共和国合伙企业法》、《中华人民共和国私营企业暂行条例》规定登记注册的私营有限责任公司、私营股份有限公司、私营合伙企业和私营独资企业。

私营企业有三种类型：

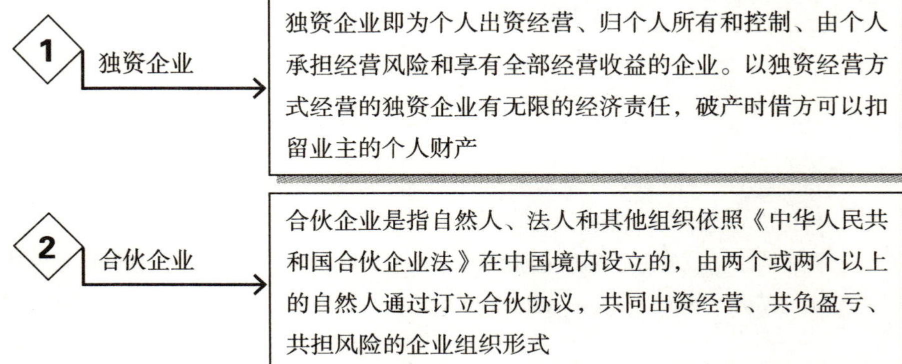

有限责任公司，简称有限公司，是指根据《中华人民共和国公司登记管理条例》规定登记注册，由五十个以下的股东出资设立，每个股东以其所认缴的出资额对公司承担有限责任，公司以其全部资产对其债务承担责任的经济组织

私营企业的三种类型

比如，苏宁控股集团、联想控股有限公司、华为投资控股有限公司等都属于私营企业。

性质05：外资企业

外资企业是指有关外资企业组织和活动的行为规范的法律、法规的总称，是由众多的有关外资企业的立法规范形成的一个法律体系。其主要内容包括外资企业的组织形式、设立与登记程序、法律地位、投资关系、法律文件、中外双方的权利义务、组织机构、经营管理、劳动关系、税收、外汇管理、解散与清算等。

外资企业可以分为三种类型：

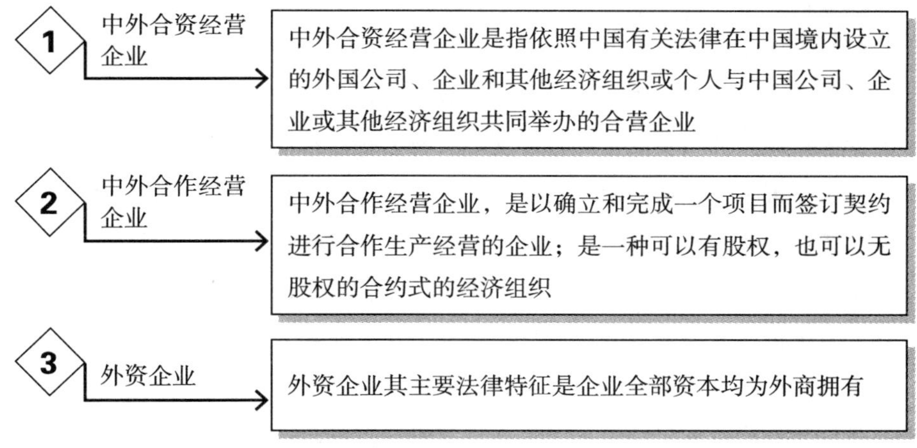

外资企业的三种类型

比如，富士康精密组件（深圳）有限公司、广东美的集团芜湖制冷设备有限公司、上海大众汽车有限公司等都属于外资企业。

职场播报

各单位员工分类性质比较

1. 政府工作人员：国家正式编制的公务员和“雇员”的差异

在某些地方，特别是经济贫穷的省，这两者收入差距不大；而越是经济富裕的省，这两者的收入差距就越大。雇员要转为国家正式编制的公务员，有很大的难度。因此，即使你通过了国家公务员考试，即使你已经被某单位接收了，你也一定要打听清楚，你到底是去做公务员，还是去做雇员。

2. 国企类：正式工和非正式工的差异

这种制度安排直接来源于计划经济下国家对个人的身份控制。在当年，一般都是“出身好”的人成为正式工，出身差的人自然就是非正式工。现在这种出身制度已经被扫进历史垃圾堆，但所谓的用工制度却遗留了下来，同时被赋予了新的含义。在垄断性的国企，在市场中利用垄断优势尝到了大甜头，自然要更加紧去获取市场利益。这时人力资源就成了问题。一方面，老的正式工就像八旗兵一样早就失去了打仗的勇气和能力，那么用什么人去攻打市场呢？另一方面，中央不断要求这些垄断型的国企改制，优化人员结构，降低人员成本，那么怎么优化？怎么降低呢？

很简单，大量招聘非正式工。一方面用这些新人来攻打市场，解决人力资源问题；另一方面将这些非正式工的工资进行市场化（垄断国企正式工的工资水平大大高于市场水平），这样就拉低了整个企业的人均成本，完成了国资委布置的改制要求之一，而且不会损害正式工的利益（国企领导层是正式工利益的代表）。这表明了，国企已经蜕变成为了一个市场怪胎，一方面利用国家力量获取市场利益，一方面成为为小部分人谋取利益的工具。但是要注意，当前还是有可能进入正式工群体的，因为正式工是一个松散的利益集团，这个集团也要不断地吸收新鲜血液的，否则会边缘化，最终丧失其优势地位。非正式工的收入大概是正式工的1/2到1/4。当然，在这里不是进行道义分析，而是要你去了解清楚，你到底是去做正式工，还是去做非正式工。

3. 外企类：大陆工和非大陆工的差异

在外企，差别主要体现在大陆工和非大陆工之间。大陆工工资一般是非大陆工的1/5到1/10。这是合理的。因为外企到中国来投资的90%的理由就是因为人工便宜，不是因为你是文明古国，也不是因为其他。人家的要求是合理的。当然，即使是这1/5到1/10的收入，和其他国人相比，仍然是很不错的。当然，外企工作是很累的，风险和收益成正比。那为什么外企还要招聘非大陆工呢？这里你要清楚地知道，主要是因为3个原因：

（1）需要一些可以信任的人来管理（受法制国家法律约束的人）。

（2）需要一些精通英语的人（能用英语思考）来管理。

（3）需要一些具有国际视野的人来管理。

那是否你就只能当大陆工了呢？不是的。你应该清楚的一点是，你也是有机会成为非大陆工的。这就是为什么这么多人去美国留学的原因。当然，仅仅留学是不够的，一定要在美国就业并拿到绿卡才行。现在很多外资企业的CEO，当初就是在美国做体力工混到的绿卡，然后因为精通两国语言的优势，跨国企业需要在中国设立代表处，就找这样的人去做所谓的“CEO”。现在外企越来越多，要求也越来越高了，但成为非大陆工，仍然是有可能的。

4. 私企类：股份工和非股份工的差异

在私企，差别主要体现在股份工和非股份工之间。股份工主要是那些使用股份来吸引人的企业中才有，是最初创业阶段加入的员工。例如华为就有相当多的股份工。非股份工则是那些后来才加入的员工，或者是那些很早加入，但对于公司没有太高价值的员工。

在经过了创业阶段以后，企业一般就不再需要用股份来吸引初级员工了，招聘主要就是填补战斗减员——有人走了，就招新的。期权一般用于高级管理者，由于本文分析的是大学生就业，因此与它无关。中国大部分民企生存环境非常恶劣，自身都难保，员工待遇就可想而知了。当然，创业型民企失败的概率是非常大的。你决定去民企前，一定要了解清楚，它是创业扩张型的，还是补充战斗减员型的。

第三节　就业选择全分析

职场点睛

一定要慎重选择第一份工作，不要轻易辞职，否则你不但浪费了自己的精力和宝贵的积累工作经验的机会，而且你非应届生的身份会让你在重新择业时处处碰壁。

选择一份工作，不仅要着眼于眼前利益，更要着眼于长远利益。只看重眼前利益和只注重长远利益都是不妥的，很容易判断失误。眼前的利益，我们要去争取；长远的利益，我们要去把握。因此，对于职业的选择，应该兼顾眼前利益和长远利益。

那么，对于即将迈入职场的新人来说，如何做好就业选择呢？下面给出几点建议供参考。

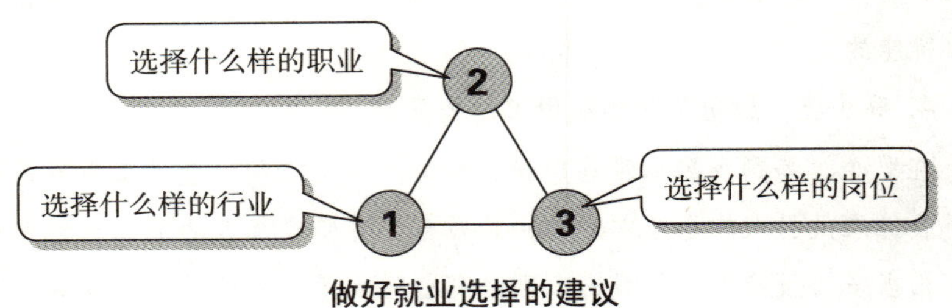

做好就业选择的建议

建议01：选择什么样的行业

行业一般是指其按生产同类产品或具有相同工艺过程或提供同类劳动服务划分的经济活动类别。如饮食行业、服装行业、机械行业、金融行业、移动互联网行业等。

通俗地讲，行业分类就是有规则地按照一定的科学依据，对从事国民经济生产和经营的单位或者个体的组织结构体系的详细划分。

具体分为农、林、牧、渔业；采矿业；制造业；电力、热力、燃气及水生产和供应业；建筑业；批发和零售业；交通运输、仓储和邮政业；住宿和餐饮业；信息传输、软件和信息技术服务业；金融业；房地产业；租赁和商务服务业；科学研究和技术服务业；水利、环境和公共设施管理业；居民服务、修理和其他服务业；教育；卫生和社会工作；文化、体育和娱乐业；公共管理、社会保障和社会组织；国际组织。

在选择行业上，对于新人来说可以根据两个方面进行选择：

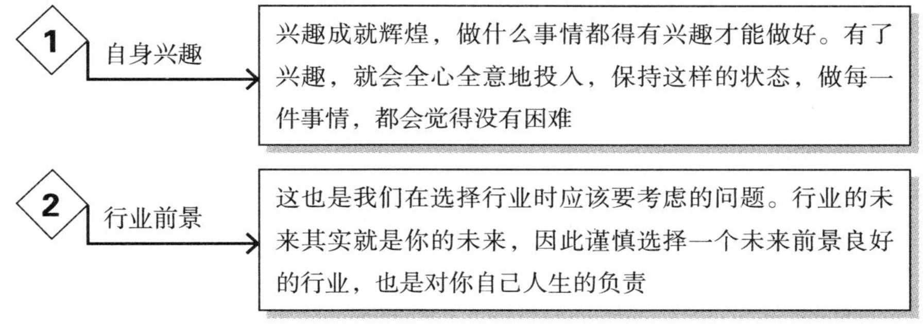

选择行业的两个方面

建议02：选择什么样的职业

职业是指参与社会分工，用专业的技能和知识创造物质或精神财富，获取合理报酬，丰富社会物质或精神生活的一项工作。职业是人们在社会中所从事的作为谋生手段的工作；从社会角度看职业是劳动者获得的社会角色，劳动者为社会承担一定的义务和责任，并获得相应的报酬；从国民经济活动所需要的人力资源角度来看，职业是指不同性质、不同内容、不同形式、不同操作的专门劳动岗位。

职业即职场上的专门行业，是对劳动的分类。职业是社会分工的产物，西方商品经济发达的社会，通常指具有一定专长的社会性工作。

一般而言，职业可以分为六种类型：技能型、研究型、艺术型、经营型、社交型和事务型。找准自己的职业类型，是取得职业成功的保障。

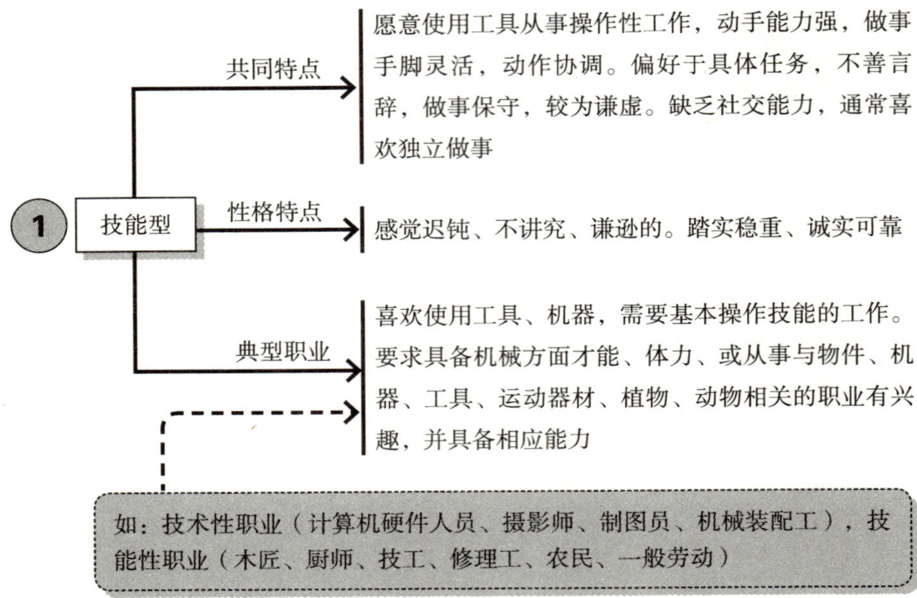

1
技能型
共同特点
愿意使用工具从事操作性工作，动手能力强，做事手脚灵活，动作协调。偏好于具体任务，不善言辞，做事保守，较为谦虚。缺乏社交能力，通常喜欢独立做事
性格特点
感觉迟钝、不讲究、谦逊的。踏实稳重、诚实可靠
典型职业
喜欢使用工具、机器，需要基本操作技能的工作。要求具备机械方面才能、体力、或从事与物件、机器、工具、运动器材、植物、动物相关的职业有兴趣，并具备相应能力
如：技术性职业（计算机硬件人员、摄影师、制图员、机械装配工），技能性职业（木匠、厨师、技工、修理工、农民、一般劳动）

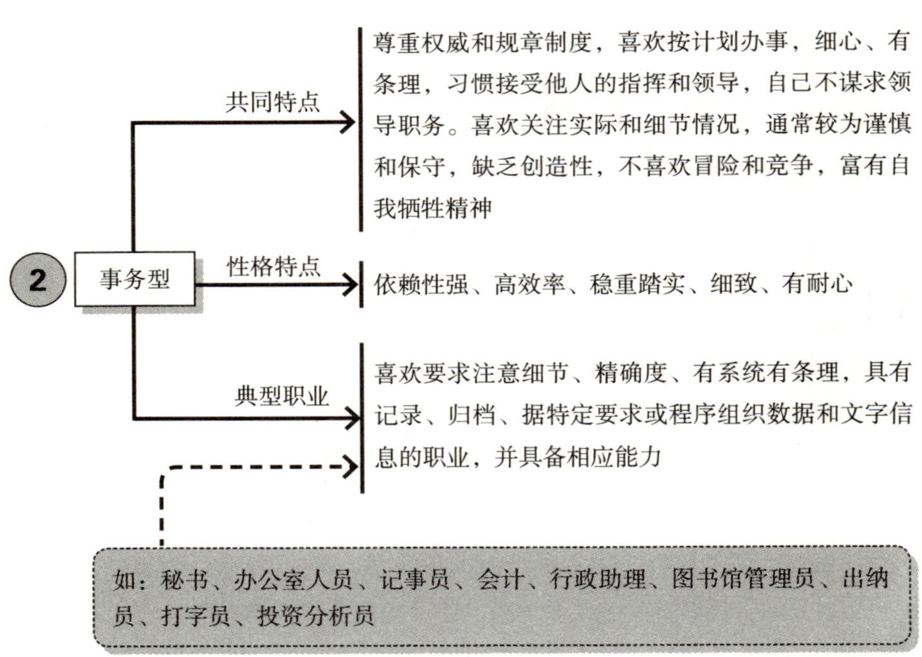

2
事务型
共同特点
尊重权威和规章制度，喜欢按计划办事，细心、有条理，习惯接受他人的指挥和领导，自己不谋求领导职务。喜欢关注实际和细节情况，通常较为谨慎和保守，缺乏创造性，不喜欢冒险和竞争，富有自我牺牲精神
性格特点
依赖性强、高效率、稳重踏实、细致、有耐心
典型职业
喜欢要求注意细节、精确度、有系统有条理，具有记录、归档、据特定要求或程序组织数据和文字信息的职业，并具备相应能力
如：秘书、办公室人员、记事员、会计、行政助理、图书馆管理员、出纳员、打字员、投资分析员

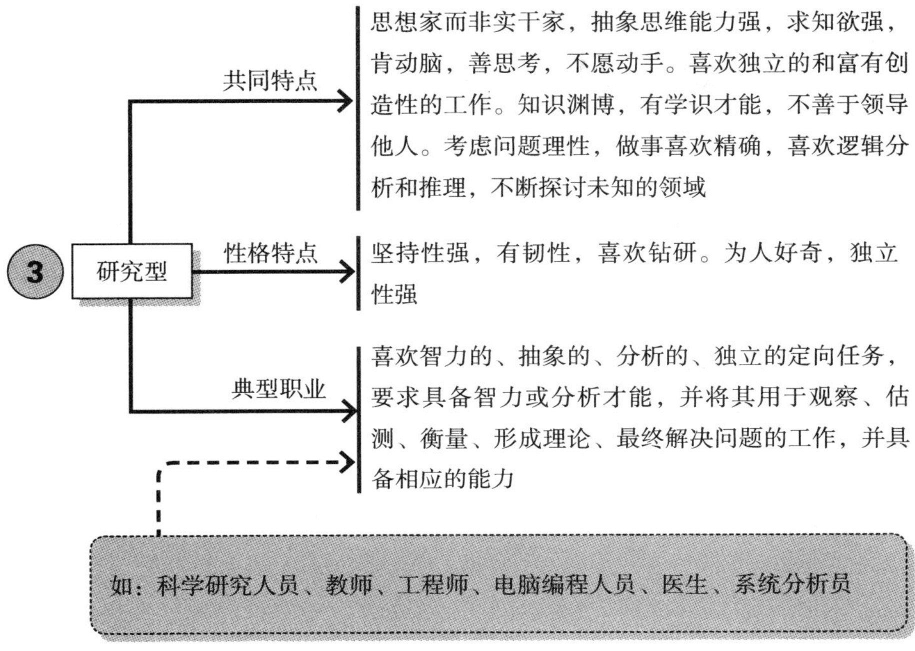
3
研究型
共同特点
思想家而非实干家，抽象思维能力强，求知欲强，肯动脑，善思考，不愿动手。喜欢独立的和富有创造性的工作。知识渊博，有学识才能，不善于领导他人。考虑问题理性，做事喜欢精确，喜欢逻辑分析和推理，不断探讨未知的领域
性格特点
坚持性强，有韧性，喜欢钻研。为人好奇，独立性强
典型职业
喜欢智力的、抽象的、分析的、独立的定向任务，要求具备智力或分析才能，并将其用于观察、估测、衡量、形成理论、最终解决问题的工作，并具备相应的能力
如：科学研究人员、教师、工程师、电脑编程人员、医生、系统分析员

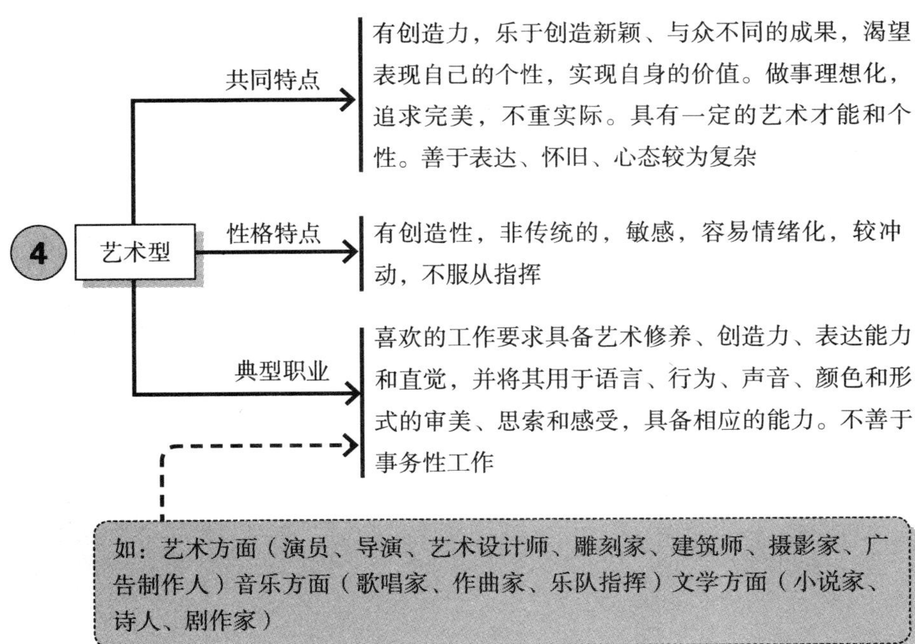
4
艺术型
共同特点
有创造力，乐于创造新颖、与众不同的成果，渴望表现自己的个性，实现自身的价值。做事理想化，追求完美，不重实际。具有一定的艺术才能和个性。善于表达、怀旧、心态较为复杂
性格特点
有创造性，非传统的，敏感，容易情绪化，较冲动，不服从指挥
典型职业
喜欢的工作要求具备艺术修养、创造力、表达能力和直觉，并将其用于语言、行为、声音、颜色和形式的审美、思索和感受，具备相应的能力。不善于事务性工作
如：艺术方面（演员、导演、艺术设计师、雕刻家、建筑师、摄影家、广告制作人）音乐方面（歌唱家、作曲家、乐队指挥）文学方面（小说家、诗人、剧作家）

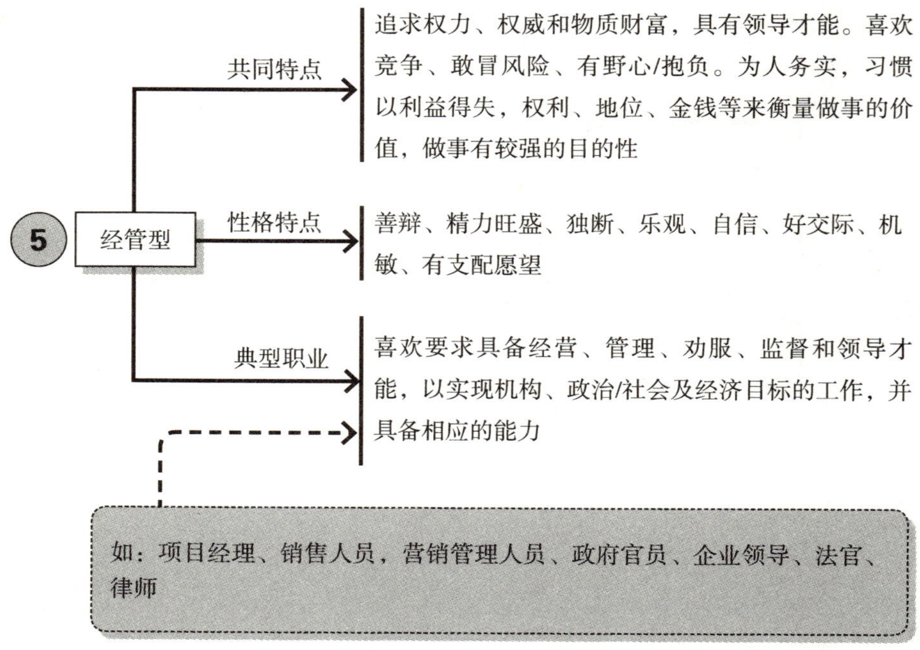
5
经管型
共同特点
追求权力、权威和物质财富，具有领导才能。喜欢竞争、敢冒风险、有野心/抱负。为人务实，习惯以利益得失，权利、地位、金钱等来衡量做事的价值，做事有较强的目的性
性格特点
善辩、精力旺盛、独断、乐观、自信、好交际、机敏、有支配愿望
典型职业
喜欢要求具备经营、管理、劝服、监督和领导才能，以实现机构、政治/社会及经济目标的工作，并具备相应的能力
如：项目经理、销售人员，营销管理人员、政府官员、企业领导、法官、律师

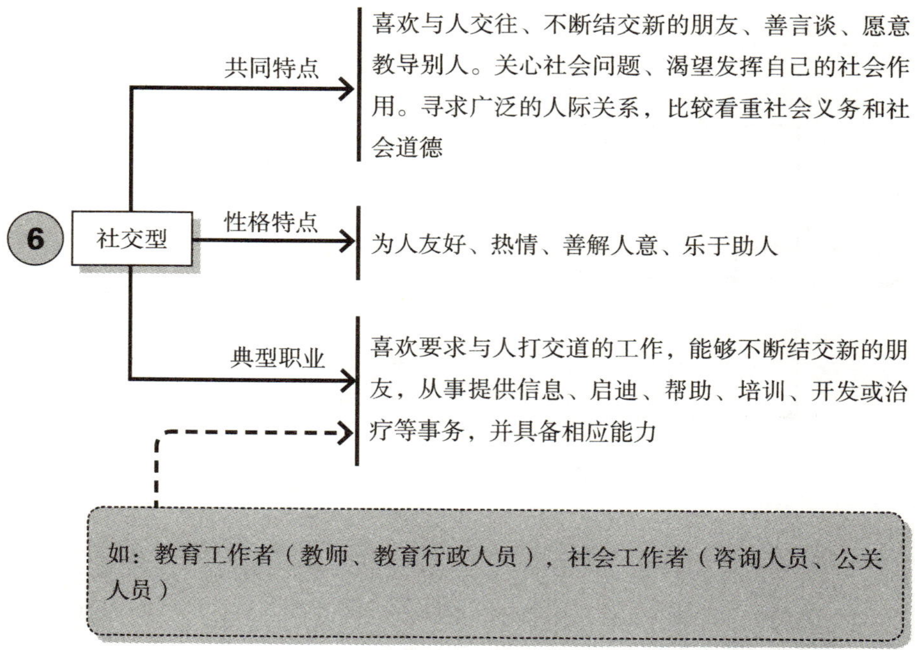
6
社交型
共同特点
喜欢与人交往、不断结交新的朋友、善言谈、愿意教导别人。关心社会问题、渴望发挥自己的社会作用。寻求广泛的人际关系，比较看重社会义务和社会道德
性格特点
为人友好、热情、善解人意、乐于助人
典型职业
喜欢要求与人打交道的工作，能够不断结交新的朋友，从事提供信息、启迪、帮助、培训、开发或治疗等事务，并具备相应能力
如：教育工作者（教师、教育行政人员），社会工作者（咨询人员、公关人员）

职业的六种类型

在选择职业的时候，首先要做的是问问自己，到底想要过怎样的人生？如果只是想有一份安稳的工作，每天能够准时上下班，周末休息，那销售就一定不适合你，文员或许会是你的不错选择。很多时候我们是因为不知道自己想要什么，才会那么的迷茫，那么的不快乐。

如果你对这个问题已经有了自己的答案，那么还得考虑接下来一个问题：你是否有能力胜利这个职位？如果你是一个不擅与人交往的人，但你又十分渴望能出人头地，在事业上取得成功，那可能技术岗位会挺适合你。

总之在选择职业上一定要问问自己“想做什么”和“能做什么”，如果答案能够一致的话，那么你就已经找到了适合自己的工作。

建议03：选择什么样的岗位

岗位跟职位还是有明显不同的。首先，按照“职位”的定义，职位是组织重要的构成部分，泛指一个阶层（类），面更宽泛，而岗位则具体得多。职位是按规定担任的工作或为实现某一目的而从事的明确的工作行为，由一组主要职责相似的岗位组成。

职位是随组织结构定的，而岗位是随事定的，也就是我们常说的因事设岗。岗位是组织要求个体完成的一项或多项责任以及为此赋予个体的权力的总和。一份职位一般是将某些任务、职责和责任组为一体；而一个岗位则是指由一个人所从事的工作。

岗位与人对应，通常只能由一个人担任，一个或若干个岗位的共性体现就是职位，即职位可以由一个或多个岗位组成。

比如：制造型企业的生产部门的操作员是一个职位，这个职位由很多岗位的员工担任。如果具体到某个工序的，就是岗位了，比如钻孔操作员，操作员的职位可能由钻孔操作员、层压操作员、丝印操作员等岗位组成。

一个岗位就是一个“阵地”，要守住一个“阵地”就要做一些工作。

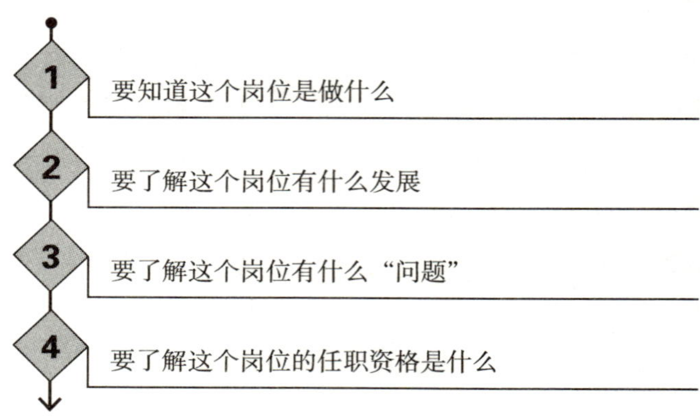

守住“阵地”要做的工作

1. 要知道这个岗位是做什么

每个岗位都有其核心的工作内容，我们一定要搞清楚这个岗位的核心工作内容，其具体表现为要为公司、部门做哪些工作，在量化了核心工作内容之后，就可以依据工作内容来判定自己是否能够做好以及自己是否喜欢做了。

了解岗位核心工作内容的最好方法就是调研几个做这个岗位工作的人，问他们一天工作是什么，然后综合整理出来就是了。

2. 要了解这个岗位有什么发展

岗位是在职能的基础上根据具体需要而分化产生的，所以在同一部门、同一职能上一定会多个类似的岗位，而了解这个岗位能为自己岗位轮换、工作转换、升职等带来很大的方便。

3. 要了解这个岗位有什么“问题”

很多职场新人在选择工作时，只注重大公司、大城市等“好处”，而忽略选择之后的辛苦，其实任何工作光鲜的背后都有一定的酸苦。

比如说，大家知道的记者工作，我们若仅仅从媒体上看到记者的文字，就简单地认为记者这份工作很好，自己就想要从事记者工作，那么，这样的选择就太草率了。

其实，记者工作有很多“痛苦”“问题”“缺陷”，获取好的新闻线索的多方寻找，采访的千方百计、所受到的层层阻碍；整理录音时的“1：3”时间

的简单烦躁；修改文章三番五次；文章被毙后的种种折磨……

因此要衡量自己是否可以接受到这个岗位的“最坏”“最苦”工作，如果可以，那你就选择，否则，就不要冒这个险。职场新人在找工作时，一定要把这个岗位的压力、困难搞清楚，那些“赢得起、输不起”的工作，我们要慎重选择。

4. 要了解这个岗位的任职资格是什么

要胜任一个岗位就要具有一定的知识（学历、证书）、能力、经验、态度等，单位在招聘时会将明确的任职资格罗列出来，很多大学生求职失败就是因为不能胜任工作，很多大学生被开也是因为他干不了这个活。

例如，某大型客车公司的招聘广告如下：

招聘岗位：海外营销中心，培养方向为海外销售工程师。

任职资格要求：

（1）教育水平：本科以上学历，车辆工程、工商管理、国际贸易等相关专业。

（2）技能：通过大学英语六级考试，口语良好。

（3）职业素养：具备良好的沟通能力和团队合作能力。

很明显，招聘职位是海外销售工程师，任职资格的要求也很清楚，因此很多具有本科学历和硕士学历的车辆工程专业的人都来应聘这个职位。从专业上来看，他们都具备条件，但是，他们的英文程度又达不到六级的要求。也有很多国际贸易专业的同学来应聘这个职位，国际贸易专业的学生们的英文程度都很好，也符合公司的要求，但是他们对汽车又没有什么概念。

其实这个职位是一个对专业有着复合型要求的职位。单从字面上来看：海外，意味着你必须至少要懂得一门外语；销售，意味着你必须懂得市场营销、国际营销或者国际贸易；工程师，意味着你必须具备汽车方面的专业知识。

所以符合海外销售工程师这个职位要求最好的复合型专业是：本科（车辆工程专业或者汽车相关专业）+硕士（国际贸易专业或者相关专业）。

岗位的任职资格一般是固定的，我们随意百度一下就可以找到具体的岗位说明书，但是招聘信息上的任职资格往往是结合了企业文化、部门经理的倾向，而这后两点即是我们准备求职材料时需要着重研究的。

职场播报

应聘者如何选择职业

在求职中很多求职者都没有对自己的求职意向有个准确的目标，很多选择都欠缺考虑，最终会影响自己的职业生涯，应聘者如何选择职业。

1．了解职业的社会需求及行业发展的趋势

随着社会的发展每个年代的职业趋势都有所不同，所以在选择之前要了解职业的社会需求及行业发展的趋势，从而确定自己的总体方向。

2. 选择熟悉的行业和熟悉的职业

求职中选择熟悉的行业和熟悉的职业可以让自己工作起来更加得心应手，选择自己擅长的才能有所发展，有所创造，有所前进。

3. 全面分析自己的长处和不足

选择工作要从自身出发，首先要分析自己的长处和不足，找能发挥自己长处的工作，这样才能将自己的长处扩大化。

4. 自己准备从事这份工作多长时间

职场新人在选择工作时要给自己一个工作期限，三年或者五年甚至更长，在有限的时间内你可以通过目前的职业学习一些东西，积累一些经验，以图更大的发展。如果在找工作的时候忽略这一问题，可能会出现频繁跳槽等一些对自己不利的结局。

5. 给予的薪资是否符合自己的标准

薪资的高低直接影响着职业的选择，对薪资要求过高可能会失去机会，薪资太低又会直接影响自己的生活水平，所以在薪资方面，自己要有个预期标准

6. 自己是否可以得到上升发展空间

选择工作的时候不但要看公司的好坏，还要看公司的是否可以给你一定的发展空间，一份有发展空间的工作才能更好地提升自己，实现自己的价值。

第四节　就业单位细比较

每个求职者都是一只鸡蛋，最适合他的篮子只有一个；要想找到那只最合适的篮子，必须先弄明白，那是什么样的篮子。

很多人在选择工作时设置了很多条件，除非全部满足否则不予考虑，结果一年半载也没有合适的公司；而有的人找工作没有任何条件，只要招聘单位能接受，马上可以入职就行，结果工作并不开心。究竟该如何选择适合自己的工作单位？

一般来说，可以参考以下几个因素来对你所就业的单位进行选择，看它到底是否适合自己。

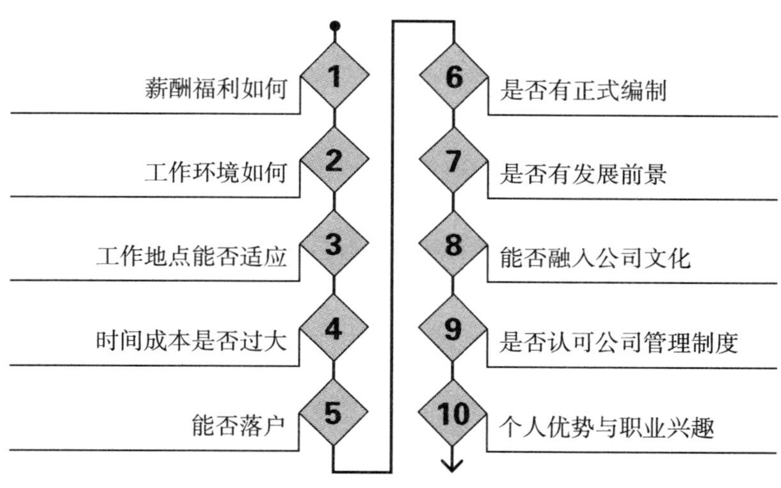

就业选择的因素

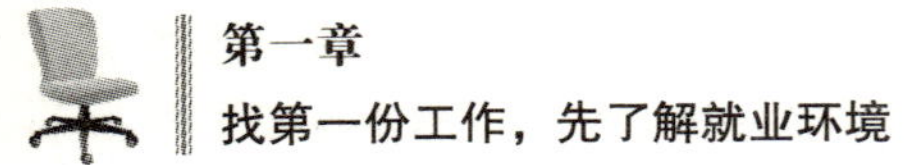

选择01：薪酬福利如何

正规的公司，对不同岗位的薪资福利均有明文规定，实行以岗定薪，每个岗位对应不同的工资水平。工资和岗位、学历、工龄有关。

公司提供给毕业生的薪资福利水平，往往代表了公司的实力，体现了岗位的重要程度。名企提供的薪资福利代表行业内的最高水平，比如中石化、中核电、宝洁、联想、华为等名企，提供的薪资福利是相当诱人的。

另外就是公司的加薪幅度及频率、项目资金如何。虽然起薪很重要，但是加薪幅度、奖金、年终奖等更为重要。

选择02：工作环境如何

很多企业在招聘公告中强调工作环境的优越，是因为工作环境也是企业实力的表现。工作环境包括硬环境和软环境，硬环境为办公环境，软环境为企业文化。大公司非常注重员工的需求，有健身房、阅览室、球场等，还会定期举办集体生日舞会和文体比赛，用以丰富员工的业余生活。

对于刚刚工作的应届生而言，最为需要的就是一次从学生到职场的培训，不但是工作方面的，而且还是心智各方面的全面提升。企业文化更不言而喻，一个公司只有拥有良好的企业文化才可能成为伟大的公司，才能受员工爱戴，受世人尊敬。

选择03：工作地点能否适应

虽然对于选择就业单位来说这是个很大的因素，但是也不要想当然，尤其是北方同学去南方工作的；面对的不止是工作环境和气候的挑战，还有人文环境等因素，综合将来的发展和家庭因素来作更好的选择。

选择04：时间成本是否过大

在小城市还好，最多花半个小时就能到单位，但在北京、上海这样的大城市找工作就不得不考虑路上的时间成本，如果每天上下班在路上花费三四个小时，确实太浪费时间而且会很辛苦，加上工作繁忙，过不了多久你就会觉得精

疲力竭。在北京有很多人会在工作单位附近租房子，这样上下班都方便，也有更多可以自由支配的时间。如果不想租房，你一定要考虑交通是否方便，如果每天倒两三次公交车才能到达单位，还不如考虑换个住处。

选择05：能否落户

户籍制度是我国的特色。毫不客气地说，能否落户，可以直接判断一个公司的实力。凡是大公司、大企业，基本能提供落户。因为这些企业作为当地的纳税大户，在户口编制上自然享有较多的编制，以便吸引优秀人才。

能否落户是非常关键的。如果企业无法提供落户，你的户口只能迁回原籍。在一个城市里工作而没有户口，意味着是外来务工人员，在工作和生活中你会逐渐体会到诸多不便，会间接影响到结婚、孩子入学、父母随迁等问题。

当然，大城市落户是比较困难的，尤其对应届生来说。比如北京，即使名校毕业，也并不一定能获得户口。建议尽量选择能提供户口的工作，拥有当地城市户口，意味着更多的机会和选择。

选择06：是否有正式编制

编制，在中国是个非常具有特色的词语。在国家机关和事业单位里，有公务员编制、事业单位编制、职工编制。因为编制，一个单位存在不同身份的人，享受截然不同的待遇，这种差异不是来源于职务的高低，而是基于“身份”。有编制的，称为正式工；没编制的，称为非正式工，即临时工（派遣工）。

正式工享受单位完善的福利待遇和正常的晋升渠道；非正式工，福利待遇较差，无晋升渠道可言。对于工作内容，表面说非正式工从事辅助类工作，实际上从事的工作和正式工差别不大，而且更琐碎、更繁重。这种用工方式是为了降低用人成本，广泛存在于国家机关、事业单位、国有企业以及大型股份制企业中。

对于大公司的招聘，我们要辨别是招聘正式工还是非正式工，不要上错船。简单的辨别是：凡是举行校园招聘的，大多招聘正式工；而通过人才市场等渠道，大多招聘非正式工。当然，社会招聘渠道的猎头招聘除外。

选择07：是否有发展前景

行业是否具有广阔的发展前景，直接决定你在今后是否具有上升或跳跃的可能。如果在一个朝阳行业或者成熟的行业中，你将得到更多的历练机会，增加自己阅历和能力的同时，也会跟企业一起发展，获取更多的回报和成就感；如果处于一个衰落的行业，机会空间会被挤占，甚至会因大环境不好被淘汰。当然，朝阳行业和衰落行业不是绝对的，与经济发展及国家政策有关。

选择08：能否融入公司文化

良好的公司文化对一个公司的发展起着重要作用。良好的工作氛围有助于缓解工作压力、提高工作效率。同事之间的关系融洽、具有良好的协作精神，办公气氛轻松、愉快等都是良好的公司文化的体现，在这样的公司里更容易找到归属感和认同感。反之，如果同事拉帮结派、明争暗斗，在这样的环境下时间久了会心情不好，还可能被别人利用、陷害，很难做出业绩，所以在入职前要尽量了解相关情况。

选择09：是否认可公司管理制度

有人统计过一组数据，50%的人认为公司苛刻的管理制度是导致其辞职的主要原因。比如赵先生，在一家日资企业做研发，工作一向认真仔细，却在三年中从来没有过升职或加薪，经常加班，不论病假、事假都要扣钱，最终他因无法继续忍受而提出离职。现在也有很多企业采取人性化管理，采取弹性工作制度、加班调休等。

选择10：个人优势与职业兴趣

目前中国的行业分类是很宽泛的，针对个体而言，其优势和兴趣也不尽一致。每个人可明白自身的优劣势和兴趣所在，最优的结合当然是优势和兴趣均满足下的择业。优势可推动个体在所处行业纵向深入发展，兴趣则是维持良好工作状态、保持工作进步的催化剂。

以上10个因素是判断一份工作“好坏”的参考标准。诚然，工作有好有

坏，但签约一份工作还得结合职业理想、专业背景、兴趣爱好、性格特长等因素，单纯的“好坏”并不能成为判断一份工作的唯一标准。

职场播报

选择什么样的企业

绝大多数职场新人希望进入一家大公司，不到“走投无路”绝对不会考虑小公司，因为他们觉得大公司的培训体系非常完善，可以帮助一个外行新手迅速成长为老道的行家里手。这个观点没有错，但并不完善，因为大公司和小公司其实各有各的优点。大公司提供更多培训，小公司提供更多实践，孰优孰劣，不能一概而论，而是要因人而异、因时而异。

1. 是选择外企、国企还是民企

大型外企，往往薪资较高、培训比较完善，而且往往不拘一格用人才，所以众多求职者趋之若骛。尽管大学生普遍把外企定为就业首选这个事实不可能不刺痛我们的民族自豪感，但不得不说，大型外企尤其是500强公司，的确非常适合“白纸一张”的应届毕业生。

国企，这个中国社会特有的名词更多地被赋予了负面的含义：人浮于事、工作拖沓、裙带关系等等。但是我们同时必须要看到，新型国企的魅力势不可挡，一汽集团、中国移动等这些大型国企每年都吸引了大量的优秀人才。在这些企业，员工能够在获得丰厚个人回报的同时为民族工业的崛起贡献力量，这的确是一件值得自豪的事情。

民企，也就是私企，越来越成为富有创造力的年轻人的理想国。软件行业的用友、教育产业的新东方等优秀的民营企业渐渐变得炙手可热。民营企业，在管理上比大型外企灵活得多，如果你真的是人才，你有可能在唯“业绩”独尊的民营企业获得火箭式的提升。在新东方各地分校，不乏24岁的部门主任，27岁的校长、副校长。

企业的优秀与否，不在于它的性质是外企、国企还是民企，而在于它的实力、潜力和文化。

2. 是选择大公司还是小公司

大公司往往一个萝卜一个坑，一切都有秩序，有章可循，如果你是一个没有太多主见的人（或者还没有形成自己的想法和主见），你很适合先到大企业去。另外，大公司先进的管理体系和企业文化也能帮助新进职场的人开阔视野，知道什么是最好的。还有一点也很重要，大企业的工作背景往往是一块金字招牌，它可以使你以后找工作的道路平坦许多。

但是，对于一些上进心特别强、特别需要“话语权”的人，在这样的地方就会觉得非常压抑，手脚被束缚。而且，大企业里面人才济济，即使你非常聪明刻苦，也不可能一下子就出人头地。进了大公司，往往要“熬”上几年才可能有被提升的机会，而且要“熬”得有质量。

相比之下，小公司当中可能会一个萝卜三个坑，前台秘书有可能兼职担任公司的人事助理，如果你有能力，一夜之间就会被老板发现。比如，杨洋到××做移民咨询的时候，虽然职位是律师助理工作，但其实什么事都干：跑使馆、解答客户提问、给客户做英语培训等等。如果你同时做很多工作，你很快就能发现自己的兴趣和特长，杨洋擅长英语教学这个特点，就是杨洋在这里“客串”英语培训师被发现的。

所以说，在小公司弹性更大，你的发展可能会有跳跃性。当然，在小公司工作的缺点是显而易见的：小公司不够稳定，周围可供学习的优秀人才不够多，小公司的工作背景在跳槽时分量不够。

第二章

2

找第一份工作，先做好职业规划

职场导读

职业生涯规划，对职场新人而言，就是在自我认知的基础上，根据自己的专业特长、知识结构，结合社会环境与市场环境，对将来要从事的职业以及要达到的职业目标所做的方向性的方案。通过对自己职业生涯的规划，尽早确定自己的职业目标，选择自己职业发展的地域范围，把握自己的职业定位，保持平稳和正常的心态，按照自己的目标和理想有条不紊、循序渐进地努力。

第一节　对职业生涯规划的认知

职场点睛

未雨绸缪，先做好职业生涯规划，磨刀不误砍柴工，有了清晰的认识与明确的目标之后再把求职活动付诸实践，这样的效果要好得多，也更经济、更科学。

对于刚进职场的新人，都希望能出人头地，做出一番成绩。俗话说“上进之心，人皆有之”，这是人的本性。然而，事业的成功，并非人人都能如愿，问题何在呢？如何做才能使事业获得成功呢？职业规划就为我们提供了一条走向成功的路径。下面来具体了解一下，对职业生涯规划有个详细的认知。

认知01：什么是职业生涯规划

职业生涯规划也叫“职业规划”“生涯规划”，在有些地区，也有一些人喜欢用“人生规划”来称呼，其实表达的都是同样的内容。

职业生涯规划是指个人发展与组织发展相结合，通过对职业生涯的主客观因素分析、总结和测定，确定一个人的奋斗目标，并为实现这一事业职业目标，而预先进行生涯系统安排的过程，职业生涯规划也被称作职业生涯设计，其实质是追求最佳职业生涯发展道路的过程。

认知02：职业生涯规划的作用

职业生涯规划的作用在于帮助你树立明确的目标与管理，运用科学的方法，切实可行的措施，发挥个人的专长，开发自己的潜能，克服生涯发展困难，避免人生陷阱，不断修正前进的方向，最后获得事业的成功。

认知03：职业生涯规划的意义

职场新人首先要认识到生涯规划的重要意义，职业生涯活动将伴随我们的大半生，拥有成功的职业生涯才能实现完美人生。因此，职业生涯规划具有特别重要的意义：

（1）职业生涯规划的训练有助于全面提高大学生的综合素质，避免学习的盲目性和被动性。

（2）规划个人的职业生涯，可以使职业目标和实施策略能了然于心中，并便于从宏观上予以调整和掌控，能让大学生在职业探索和发展中少走弯路，节省时间和精力。

（3）职业生涯规划还能对大学生起到内在的激励作用，使大学生产生学习、实践的动力，激发自己不断为实现各阶段目标和终极目标而进取。

认知04：大学生职业生涯规划状况

通过对大四学生进行过求职准备情况的调查研究，以及对刚工作不久的毕业生进行过回访调查。发现学生在求职准备方面呈现出几个明显倾向：

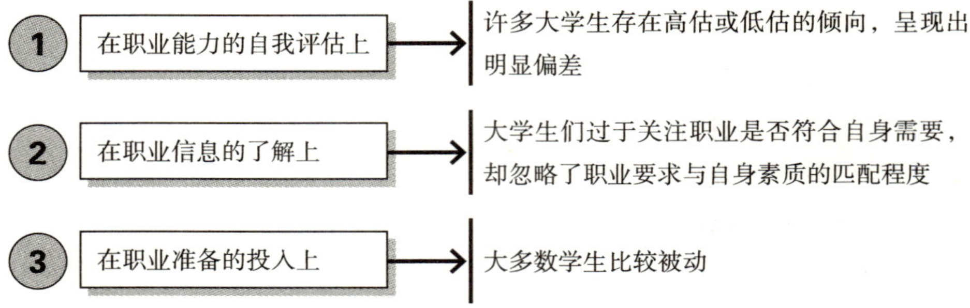

求职准备呈现的明显倾向

职场播报

职业生涯规划三阶段

职业生涯规划一般分为长期目标、中期目标和短期目标。时间的长短依据个人而定。在这里，将长期目标以10年或10年以上为限；中期目标以5～7年为限和短期目标以1～3年为限，为广大职场认识规划职业生涯做一个参考。

1. 制定10年或以上的长期目标

在确定职业生涯目标上，比较理想的第一步就是要确认长期的目标。长期目标应该是自我考察对工作环境、社会环境积极评价的结果。就是要充分考虑个人的需要、价值观、兴趣和才能等，包括考虑到个人的婚姻、家庭、生活方式等诸因素。这就需要对自己进行审视：

（1）你希望在未来长时期内从事何种类型的工作？

（2）从事哪些活动，获得什么样的回报：如收入多少、社会地位、声望，承担哪些责任，家庭状况、健康状况如何？

2. 制定5～7年的中期目标

职业生涯中期目标是在长期目标的规划和影响下制定出来的，也是对实现长期生涯目标行动的具体化。这期间的目标应该比长期目标更加具有可操作性。这就需要对如下的问题作进一步的思考：

（1）什么样的工作经历能够使你有条件去实现你的长期目标。

（2）你需要提高哪些才能。

（3）你需要经历哪些锻炼。

（4）你需要得到哪些人或者哪类人的帮助。

（5）婚姻状况如何等等。

3. 制定1～3年的短期目标

职业生涯设计的短期目标应尽可能是具体化、详细化、操作性强的行动目标，这期间的目标实施可能处于大学到工作阶段的过渡期，或者处于工作的初期。短期目标的具体化并不意味着短期目标的非灵活性。目标制定的灵活性不仅体现在长期目标和中期目标，而且也应该体现在短期目标上。对于短期的职业生涯目标，需要对如下问题做出仔细的思考：

（1）你需要接受什么样的教育。

（2）掌握什么样的专业背景。

（3）需要具备什么样的社会经历。

（4）选择什么样的职业和工作环境，培养何种情趣，养成何种生活方式。

（5）如何让你的父母、老师、恋人支持你的选择等等。

第二节　职业生涯规划的步骤

职场点睛

职业生涯规划，就是我们每一个人根据自己的实际工作能力和专业知识，大致设计好一个自己将要为之奋斗的目标，即自己以后要走的路。

每个人都渴望成功，但并非都能如愿。了解自己、有坚定的奋斗目标，并按照情况的变化及时调整自己的计划，才有可能实现成功的愿望。这就需要进行职业生涯的自我规划。职业生涯规划的步骤是如下：

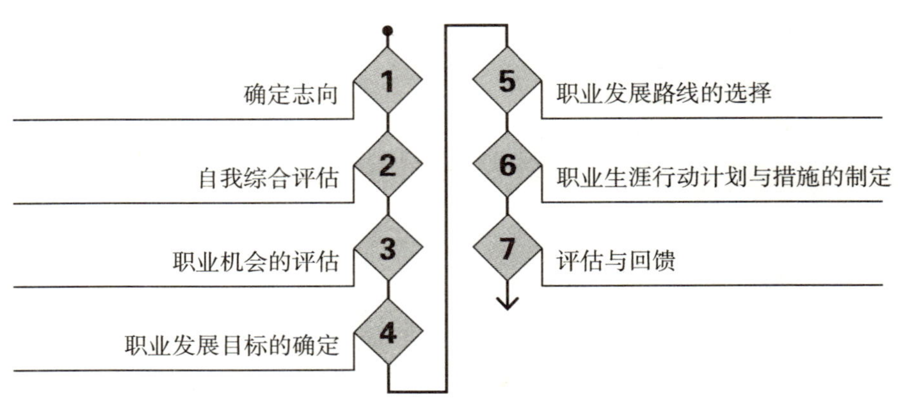

职业生涯规划的步骤

步骤01：确定志向

志向是事业成功的基本前提，没有志向，事业的成功也就无从谈起。话说：“志不立，天下无可成之事”，立志是人生的起跑点，反映着一个人的理想、胸怀、情趣和价值观，影响着一个人的奋斗目标及成就的大小，职场新人在制定生涯规划时，首先要确立志向，这是制定职业生涯规划的关键，也是你的职业生涯中最重要的一点。

步骤02：自我综合评估

自我评估包括对自己的兴趣、特长、性格的了解，也包括对自己的学识、技能、智商、情商的测试，以及对自己思维方式、思维方法、道德水准的评价等等。自我评估的目的，是认识自己、了解自己，从而对自己所适合的职业和职业生涯目标做出合理的抉择。

为了使自我评估更有效地发挥作用，个人价值观、兴趣、个性和能力都应该纳入考虑的范围，让我们来看看自我评估的各种方法吧。

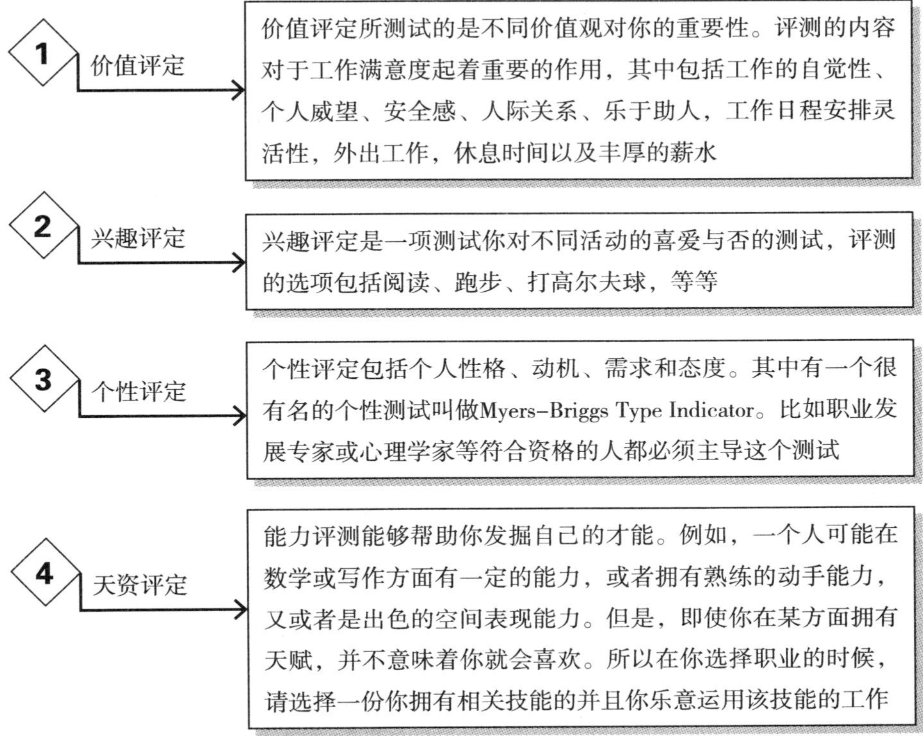

自我评估的方法

步骤03：职业机会的评估

职业生涯的机会评估是评估个人周边各种环境因素对自己职业生涯发展的影响。职场新人在制定个人的职业生涯规划时，要充分地了解所处的环境特点，掌握职业环境的发展变化，明确自己在这个环境中的地位和个人能力，以及环境对自己提出的要求和创造的条件等。

只有对环境因素有了充分的了解和把握，才能够做到在不同的环境中的发展，使自己的职业生涯具有实际意义。

步骤04：职业发展目标的确定

在评估好自我能力以及机会后，就可以确定适合自己的、符合个人发展的职业发展目标。

职场新人在确定职业发展目标时，要时刻注意和个人基本状况想匹配，不能妄自菲薄，也不能好高骛远。合理、可行的职业生涯目标的确立决定了职业发展中的行为和结果，是制定职业生涯规划的关键。

步骤05：职业发展路线的选择

在职业目标确定后，向哪一路线发展，要做好清晰明确的选择。由于发展路线不同，对职业发展的要求也不同，对个人的能力以及知识要求也不同。因此，职场新人在职业生涯规划中，必须对发展路线做出抉择，以便及时调整自己的学习、工作以及各种行动措施沿着预定的方向前进。

步骤06：职业生涯行动计划与措施的制定

在确定了职业生涯的终极目标并选定职业发展的路线后，行动便成了关键的环节。这里所指的行动，是指落实目标的具体措施，主要包括工作、培训、教育、轮岗等方面的措施。对应自己行动计划可将职业目标进行分解，即分解为短期目标、中期目标和长期目标，其中短期目标可分为日目标、周目标、月目标、年目标；中期目标一般为3～5年；长期目标为5～10年。分解后的目标有利于跟踪检查，同时可以根据环境变化制定和调整短期行动计划，并针对具体计划目标采取有效措施。

职业生涯中的措施主要指为达成既定目标，在提高工作效率、学习知识、掌握技能、开发潜能等方面选用的方法。行动计划要对应相应的措施，要层层分解、具体落实，细致的计划与措施便于进行定时检查和及时调整。

步骤07：评估与回馈

影响职业生涯规划的因素很多，有的变化因素是可以预测的，而有的变化因素难以预测。在此状态下，要使职业生涯规划行之有效，就必须不断地对职业生涯规划执行情况进行评估。

首先，要对年度目标的执行情况进行总结，确定哪些目标已按计划完成，哪些目标未完成。然后，对未完成目标进行分析，找出未完成原因及发展障碍，制定相应解决障碍的对策及方法。

最后，依据评估结果对下年的计划进行修订与完善。如果有必要，也可考虑对职业目标和路线进行修正，但一定要谨慎考虑。

第三节 职业生涯规划的方法

职场点睛

在前进的道路上，先给自己定下一个合适的高度，然后再一步一步地朝着那个方向努力前进，直至达到既定高度后再设新的高度，渐行渐高，那个前方的高度就是我们的未来。

职业生涯规划是以人的认识为基础，又要解决目标问题的，这些问题解决好了，也就把握住了自己。

如何从一个新人转变成一个精明的从业人员，对于我们来说，还有很长的一段路要走。现实竞争的残酷，并不允许你慢慢地成长，它要求每个人不仅要看清自己，还要看清前方，快速地成长起来。对于职场新人来说，可以有困惑、可以有迷茫，但绝不允许没有方向。

小磊和小卫就读于同一所大学，在学校的表现都属于优良的水平，毕业以后，分别进入了不同的单位工作。三年之后，两个人的现状却产生了差异，小磊已经成为公司的骨干，担任部门的主管，每月的收入也在5000元之上；小卫还是公司的一般职员，收入只有2500元，正准备寻找机会跳槽。在这三年期间，两个人都跳过槽，都换过几家公司，可是最后的结果却大相径庭。小磊毕业后进入一家卖电器的店做销售代理，工作中勤学好问，很快掌握了销售技巧，成为了一名不错的销售员；一年之后，被公司提拔为组长；第三年，直接跳槽到国内知名的电器销售连锁店做部门的主管。小卫毕业后进了一家卖电讯器材的公司做销售员；一年后跳槽到一家网络公司做网管；第三年，换工作进了一家生产企业做办公室的文员。

从上述故事中不难发现，两个人虽然都有跳槽的经历，但小磊一直在自己熟悉的电器销售行业工作，期间跳槽也是为了有更好的位置，小卫却没有找准自己的发展方向，在不同的行业跳来跳去，最后还是只能从事低岗位的工作。由此可见，做好职业规划，对于个人的发展意义非凡。那么如何才能做好职业规划呢？具体来说，要具备以下几种心态，脚踏实地的从头做起，必能有所作为。

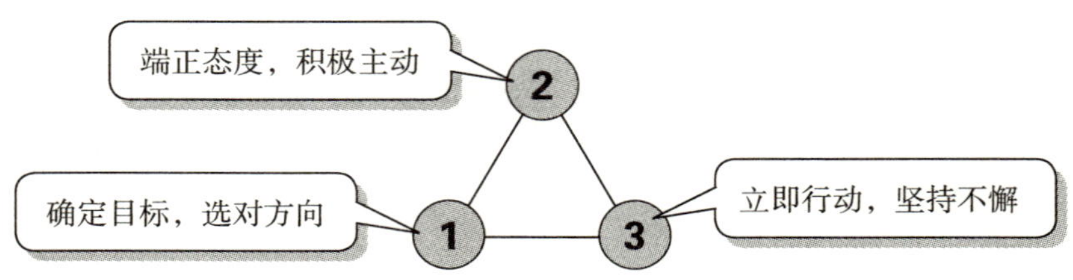

做好职业规划具备的三种心态

心态01：确定目标，选对方向

有一位MBA的同学，该同学毕业2年多换了至少4次工作，涉及不同的行业，每份工作都没有超过6个月，已经30岁了，还没有找准自己的位置，还不知道自己适合做什么。这个同学就属于那种糊里糊涂生活的人，没有认真分析过自己，没有做好个人的发展规划。

跳槽并不是坏事，但跳槽一定是有目的、有选择的跳，最好先确定了个人的发展目标，围绕这个目标，有目的、有选择地跳，这样才能让自己更快地接近或实现目标。如果没有确认自己的目标，盲目地跳槽，特别是频繁换行业的跳槽是最不可取的，因为当今社会，工作经验和行业优势已经成为获取成功的必不可少的条件之一，所以确定个人的发展目标尤为重要。那么如何确定自己的目标呢？

1 从梦想出发	先开始编织美梦，包括你想拥有的、你想做的、你想成为的、你想体验的。现在，请坐下来，拿一张纸和一枝笔，动手写下你的心愿。在你写的时候，不需要考虑现实因素，尽量写就好了
2 给梦想定个期限	审视你所写的，预期希望达成的时限。有实现时限的才可能叫目标，没时限的只能叫梦想
3 定下小目标	从你所列出的目标里选出你最愿意投入的、最令你跃跃欲试的、最能令你满足的四件事，并把它们定为一年内最重要的四个目标。接着明确、扼要地写下实现它们的重要性和真正理由
4 列出拥有的资源	列出一张自己所拥有的资源清单，里面包括自己的个性、朋友、财物、教育背景、时限、能力以及其他可假借或依靠的资源，越详尽越好
5 回顾成功经验	回顾过去最成功的两三次经验，总结当中成功的原因，以及有哪些你所列的资源会运用得很纯熟
6 为目标找条件	这一步结合自身拥有的经验和资源以及四个重要目标，找出可以达成目标的条件
7 预估失败原因	之后要预估有什么因素可能导致无法完成目标。可以从性格、能力、资源和其他客观因素分析欠缺的条件
8 设定实施步骤	现在针对那四个重要目标，定出实现它们的每一步骤。一定要记得这个计划应包含今天需要做的，千万不要好高骛远
9 寻找模范	从你周围或从名人当中找出三五位在你目标领域中有杰出成就的人，简单地写下他们成功的特质和事迹。之后，就会发现他们每一个人的事迹都能为你提供一些能达成目标的建议，记下他们建议的方法

确定自己发展目标的方法

确立自己的事业目标不是劳动竞赛，不要去和别人比，而要立足于自己的现状一点点进步，只要今天的你胜过昨天的你，只要在正确的方向上进步，你就离自己的目标越来越近。“人外有人，山外有山”，这个世界上永远有人比你更优秀。目标是自己的，别人的成功并不能否定你的幸福。

在职业发展的道路上，你不可能走别人的路取得成功，很多的成功模式本身就不具有可复制性。很多人成功是因为他们找到了适合自己的职业道路，你要想成功，也必须为独一无二的你找到适合自己的道路，而这条道路，只能靠你在工作实践中一步步明晰。

心态02：端正态度，积极主动

有三个泥瓦工，按定额每人每天要砌500块砖。

第一个人每天砌够500块砖后就万事大吉，回家休息去了。

第二个人每天砌够500块砖后，还在琢磨如何把砖砌得更快、更好、更精美、更省力。

第三个人每天砌够500块砖后，不但琢磨把砖砌得更快、更好、更精美、更省力，而且还琢磨如何把房子盖好。

10年后，第一个人仍是泥瓦工；第二个人成了一个优秀的管理者；而第三个人则成了公司经理。

故事中三个人起点一样，由于心态不同，致使每个人后来的成长轨迹有差异性的变化：一个人继续做瓦工；一个人成为管理者；一个人成为老板。

古人云：态度决定一切。不管是做事还是在生活中，积极的态度尤为重要。刚入职场的新人，可能置身于平凡的岗位，从事着琐碎不起眼的工作，如果整天怨天尤人、心气浮躁、感觉主管或上级领导不能慧眼识珠，那就有必要调整心态，让自己的心胸宽广起来。

1. 主动积极的心态

可能有不少人只是想着为了生活而工作，从他们的身上看不到为工作而不断进取的活力与冲劲，这是因为这类人看不到未来，也不知道如何规划个人的奋斗目标或职业生涯。

其实，无论什么行业、什么岗位，只要具备主动积极的心态，不断地努力向前，就一定能实现自己的人生价值。作为一名职场新人，如果能立足岗位，保持积极乐观的心态，脚踏实地地工作，通过一点一滴的努力，同样能实现既定目标，获得成功。积极乐观的心态几乎是所有成功者所具备的特质。

2. 与人为善的心态

乐于与人交往，和他人建立良好的关系，是心理健康的必备条件。

作业一名初入职场的新人，置身于企业的集体氛围之中，通过与同事、领导在工作和学习上的长期相处，既可以得到真诚的帮助、获取有效的信息，又能让自己的素质能力得到分享与体现，从而促使自己保持心理平衡，不断取得进步。

3. 清空归零的心态

每个人在进入职场之前，都接受过文化知识教育，具备一定的社会经验。走上工作岗位后，最好暂时将自己的知识经验归零，以清空的心态虚心向他人请教学习。好比一只杯子，如果已经装满了八分的水，再装两分就会溢出来。如果是一只空杯，别人给你一分，就吸收一分；给你半杯，就吸收半杯；给了全部，就照单全收，再加上自己的体验——就会比别人多了一套经验。

做到心态归零，还有以下几个好处：

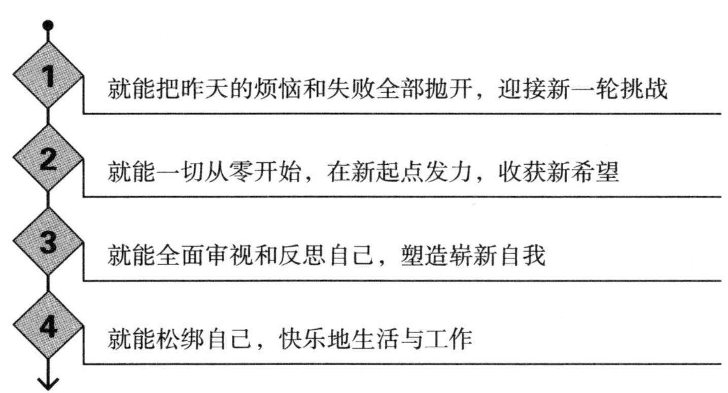

心态归零的好处

4. 终生学习的心态

俗话说："活到老，学到老"，终生学习是时代的呼唤。当今世界飞速变化，知识更新的速度大大加快。应该把学习从单纯的求知变为一种工作的方式，成为工作的重要组成部分，成为个人的自觉行动，牢固树立终生学习、全面学习、深入学习和学习工作化、工作学习化的理念。

只有持续学习，才能不断获得新知，才能不断增长才干，开发自己的潜能与创造力，为企业发展助力。

对于刚入职场的新人来说，大多数人在经验和能力上都相差不多，老板或上司一般看中新员工的心态和做事的态度，只要你有肯学习的态度和积极的心态，面对生活和工作中遇到的问题都能迎刃而解，而自己也将会慢慢成为一个积极乐观的人。

心态03：立即行动，坚持不懈

世上没有不劳而获的事情，任何人的成功都不是偶然的，需要很长时间的积累，具备一定的实力才能成功。因此，只有认准了自己的目标，并且坚持不懈地走下去，不管遇到什么挫折，都不要放弃，只有这样，才能获得成功。

完美的职业生涯规划就像一粒精壮的种子，撒进土壤，只有不断浇水、施肥、除虫、拔草，才能让你品尝到收获的喜悦。也就是说，职业生涯规划仅仅是一个方向，要想取得事业的成功，需要立即行动起来，为了走好每一步，我们要有一个完整的计划和一种坚定的信念，并坚持不懈地去实践。

1. 有行动，才有成功

职业规划的实现，很大程度上取决于能否立即行动。只有行动，才有成功的可能，只有从现在做起，才能把握更多的机会。可是有些人总是有拖拉的毛病，做了语言的巨人、行动的矮子，对于应该做的事情，总是用种种借口拖着不办，这样永远处于语言阶段，永远不会成功。

而还有些人不是没有行动，而是行动的条件太多；遇事拿不定主意，谨小慎微，犹豫不决。他们用在思考上的时间过多，而影响了及时的行动，往往错过了机会，损失了宝贵的时间。有些做事过分依赖条件，无论办什么事总要等条件完全具备了才去办。这些都是不可行的。

职业生涯规划就是规划未来，会遇到困难，会有所阻碍，不可能一切条件都具备，行动的目的就是创造自己所需的条件，如果一切条件都成熟，都按照自己的想法来实现，那我们还做规划干什么?规划的意义又在哪呢?

2．坚持到底最重要

要成功实现职业生涯规划目标，就要敢于克服困难。做任何一件事都会遇到一些大的小的困难，而面对困难，我们要坦然处之，当你把一个个困难解决掉，你离成功也不远了。而有些人在行动当中，顺利时干得很来劲，精神百倍、志高气昂。一遇到困难，马上就如同泄气的皮球，垂头丧气、意志消沉，不是去积极寻找解决问题的办法，而是采取一种逃避的状态去躲掉困难，等到困难堆积多了，也就只好以失败而告终。

3．实践扣着目标前进

有效的行动，就是行动要始终围绕着目标进行。好像打靶一样，无论从哪个方向射击，无论怎么射击，都要对准靶心。要做到这一点，就要对自己的行动加以强化和约束，切实地执行职业生涯规划所定的目标。

集中力量向职业生涯规划的目标发起进攻，你需要排除无益于目标的活动和干扰；注意行动不要偏离目标轨道；不受他人的影响。认准自己的目标，就朝其方向前进，不要在意别人怎么想、怎么说、怎么做。

4．迂回前进，适时改变

职业规划毕竟只是规划，在实施的过程中总会遇到与规划不一致的地方，这是很正常的事。所以不可以一头扎进去地猛干。目标的实现，一方面靠苦干、实干；另一方面也需要巧干。在此环境中，我们只有灵活机动、迂回前进，才能达到目的。

是停车不动、是打道回府、还是绕道而行，还是为达到目标不懈努力前进，不惧困难?做到这四点，或许再多的语言都显得微不足道；人生要获得成功，也就如此，你是否准备好了呢?

职场播报

营销人员如何做好职业规划

作为一个营销人员，如何进行30岁前的职业规划呢？要做好职业规划，必须做好五件事。

1. 职业规划三要素分析

职业规划三要素为：爱好、性格和特长。

（1）爱好。爱好应该是放在一个营销人职业生涯规划考虑的首位。因为只有你喜欢营销这个职业，你才可能去主动投入，而也只有你主动投入了，你才可能有收获，才可能会取得成就。如果你不喜欢营销这个职业，所有的工作你都是在被动地接受，手到了心却没到，没用心自然不会获得好的结果。所以，当你决定从事营销行业时，你要问自己是否真的因为我喜欢这个行业，还是抱着试试看的态度或其他原因。

（2）性格。古话说江山易改本性难移，一个人的性格是很难改变的，但也并不是不可改变。爱好可以改变一个人的性格。通常性格被分为“外向、中性和内向”，作为营销人你就要分析你的性格属于哪一种？你的职业决定了你的大部分时间是在和人打交道，因此外向的性格当然较好。但也不代表内向的人就不能做营销，对于一个性格内向（如不善于和陌生人打交道，不善言辞、不善沟通）的人，关键看你能不能改变以适应营销职业的需要。如果你无法改变或不愿改变（改变是痛苦的），那么你最好选择其他职业。

（3）特长。特长是你现有专长和潜在专长的总称。特长也分为基础特长和专业特长。基础专长如沟通能力强，组织能力强等。专业特长如计算机熟练、擅长策划等。在市场经济条件下，职业人的流动性增强，改变外部环境的空间加大，因此如何最大程度地发挥自己的优点成为自我完善的核心。世界上没有完美的东西，自然也没有十全十美的人，特长的发挥成为一个人取得成功的关键，因为有时候不足很难弥补，况且有弥补不足的时间还不如用这个时间去发挥自己的优势。

2. 选好行业

古语说，三百六十行，行行出状元，俗语又说，男怕选错行，女怕

嫁错郎。因此作为营销人员选对行业很重要。在市场经济下，任何行业都需要营销人员。营销人员在选择行业时必须从自身和行业特点两个方面进行分析：

（1）自身方面。要统筹考虑到爱好（如有的人喜欢IT行业，有的喜欢医药行业）、性格（如培训行业对性格外向有很高的要求，仪器行业需要营销人员性格中性，不要太张扬，给人以可信赖的感觉）和特长（如医药、机械等产品技术含量高的行业要求营销人员必须是相关专业毕业）。

（2）在行业特性方面。有的行业发展已经趋于成熟，对营销人员的素质要求较高；有的行业才刚刚起步，需要冲劲大的营销人员；快速消费品行业由于操作精细需要销售人员能要有吃苦耐劳的精神，医药行业的非处方市场要求营销人员要有良好的医院人脉等。

3. 做好职业细分

营销工作具体分到企业的岗位有很多，如市场销售人员、市场策划人员、品牌管理人员、产品开发人员、后勤保障人员、销售经理或总监助理等都称为营销人员。

面对这么多职位你如何选择？尽管岗位很多，但从性质上可以分为两类：销售与市场。

销售为“武”，市场为“文”，武者，性格要外向，擅于执行，果断决策，带兵打仗，冲锋陷阵；文者，性格内向或中性，擅于思考，缜密分析，运筹帷幄，斜旁谏言；选择文还是武，要结合自身和当前具体情况。

当然，作为一个优秀的营销人员能文武兼备自然最好，但能做到这一点的毕竟是少数。就如同一个销售总监做不好市场总监，一个市场营销总监做不好企业老总一样。如果你能做到，那就面临着先做销售还是先做市场的问题。如何抉择，主要看哪个岗位进入阻力最小，因为刚进入营销行业，刚开始阻力过大会挫人锐气，重者滋生退意，不宜以后的长期发展。如果做不到，那就踏踏实实的做自己擅长的事，不要瞎折腾。因为一个优秀的销售者不一定是一个优秀的策划者，反之亦然。

4. 选好企业

做好职业细分后，就要选择目标企业。当然，世界500强企业不一定是最好的，适合的才是最好的。

选择外资企业还是选择内资企业。要结合自身情况权衡利弊，任何一件事都有好的一面和不好的一面，同时任何决定都必须要有前提。

去外资企业，会出现好的方面与不好的方面，其原因如下。

好的方面是：

（1）你可以接受良好、规范和系统的培训。

（2）掌握先进的销售模式和方法。

（3）可以给自己的职业生涯镀金。

不好的方面是：

（1）固有的模式限制了个体的创新。

（2）强势品牌让销售人员在销售中始终占据主动，无法锻炼销售人员在弱势状况下的市场问题解决能力。

（3）由于要求高，人员变动相互较小，个人晋升的空间有限。

而内资企业的状况正好相反。不好的方面是：

（1）很难接受到系统的培训。

（2）销售模式和方法需要自己摸索。

（3）镀金效果没外资企业好。

（4）由于品牌相对处于弱势，销售难度相对较大。

好的方面是：

（1）销售人员可以很好地发挥主观能动性和创新意识。

（2）锻炼销售人员在弱势条件下的市场解决问题的能力。

（4）凭业绩说话，相对考核公平，晋升机会多，空间大。

5. 做好30岁前的职业规划图

古语说“先谋而后动”，这是有道理的。做完了以上的分析和判断之后，就要给自己30岁前的5～8年的营销生涯进行规划。形成一个清晰的职业脉络，并按此脉络一路前行。

在规划中要考虑到重要的四点。

（1）慎重选择，求稳为先。

就是说在选择企业时一定要慎重，哪怕多花些时间，一旦选择了，不

宜跳槽。

（2）任何企业都有问题。

每个企业都有问题，每个企业都有每个企业的问题，只是问题不同罢了。

（3）搞清时间长度和时间密度的问题。

举一线销售人员的例子来说明。通常情况下，一个销售人员在销售职业中要遵循1235的职业发展时间规律。但时间的长度不是衡量经验和能力的标准，这要看营销人员的学习力和悟性。有的人做1年区域经理等于别人做3年，因此这里说的时间密度，是看你对老岗位知识的掌握多少和对新岗位的胜任能力。

（4）在规划中设定不同阶段的目标。

在规划中设定不同阶段的岗位及时间目标、知识掌握目标、能力目标和薪酬目标。

岗位目标就是你各个阶段所有达到的岗位层次。

目标决定你的方向，方向决定了你的结果。

做好以上五件事后，你30岁之前的营销职业规划就算完成了，但如何按规划去执行和在执行中不断微调也很关键。

第四节　职业生涯规划的误区

职场点睛

通过职业生涯规划，可选择适合自己发展的职业，确定符合自己兴趣与特长的生涯路线，运用科学的方法，采取有效的行动，使人生事业发展获得成功。

职业规划到底是什么，很多职场新人似乎还是一知半解，甚至还存在很多理解偏差。这种认识上的误区一不小心就成了发展的“绊脚石”。比如，“找一份销售的工作改变自己的性格”“自己学这个专业，找对口的工作一定有优势”“三四十岁，已经来不及做职业规划了”……职业规划中的有十个普遍的误区，在无形中阻碍了职场人的发展，限制了他们的思路。

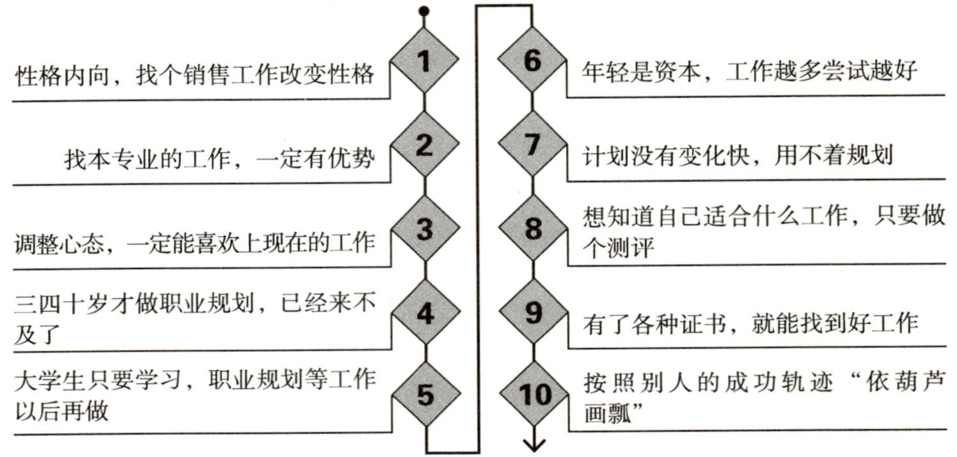

职业规划中的十个普遍误区

误区01：性格内向，找个销售工作改变性格

John学的是程序设计，他一向比较内向、寡言，不善言辞。自己觉得这样的性格不好，便决定找一销售或者客服的工作来改变性格，让自己有个大变化。但结果不如人意，他每次拿起电话要跟陌生人沟通，心里便充满了抗拒，最终还是以辞职告终。

性格是与生俱来的，工作对个人性格会产生一定影响，但并不会因此产生本质的变化。不少职场人希望通过工作来锻炼和彻底改变自己，会有一定作用，但与自己性格特质、能力特长等完全不相合甚至背道而驰的工作，不仅不能让你发挥所长做出成绩，还很有可能会让你消磨自信，导致更深的挫折感。

误区02：找本专业的工作，一定有优势

Mary的专业是工业设计，毕业后想去广告公司做设计。但几轮面试下来，她才知道自己掌握的软件、设计功底都达不到广告公司的要求。“本专业”还不及那种精通设计的业余爱好者，让她沮丧又迷茫。

一般状况下，找本专业工作在专业知识、技能上有一定优势。但现状是，在学校的专业学习不到位，且因为没有提前对未来的职业发展实施规划，在知识和技能的准备上很不充足，甚至不知道自己该做什么，技能水平很难与用人单位的需求对接，常常无“优势”可言。职场新人尽早利用在校时间对未来的职业发展做好准备工作和前期探索，才能真正积累有用的优势。

误区03：调整心态，一定能喜欢上现在的工作

Amy毕业后听了家里的安排进银行工作。柜员的工作枯燥单调，完全不是她以前想做的。她不敢辞职，想了不少办法让自己对工作多一点积极性，但心理的抵触始终消除不了，严重影响了她的工作表现。

喜欢一份工作，是因为这份工作满足了你的成就感、价值感，且不断刺激你追求新的目标。如果眼下的工作根本不是你的兴趣所在，也不能满足你的自我成就感，即使在短时间内可让生活有保障，也不会是长久发展方向。明确职业定位、选择职业时，一定要结合三方面进行综合决策，即自身的能力特长、职业价值观和当前的职业机会。通过全面的分析和判断，才能找到合适、感兴趣、让自己全身心投入的好工作。

误区04：三四十岁才做职业规划，已经来不及了

Kim40岁，在一家小公司当副总，主要负责公司销售、客服方面的工作，繁忙且压力很大。家中还有一个4岁的宝宝要照顾，总感觉吃力，想重新换一个新方向工作，可她始终不敢迈步，觉得已经过了年龄，只能继续忍受着生活。

任何时候做职业规划都不会晚。职业生涯漫长，不同阶段有不同的任务

要完成，如果前一阶段的问题没有解决，拖延到下一阶段，只会加重发展的危机，且需要付出更多的成本。每个阶段都应该随发展及时调整职业规划方案，及时解决发展中的问题。

误区05：在校只要学习，职业规划等工作以后再做

David高考成绩不够理想，被调剂了学校和专业，学了工商管理。但这个专业到底以后出来能做什么工作，他一点也没概念。眼看着大三就要过完了，家里父母都为工作的事焦急，他却慢条斯理地说："还有一年，等毕业时再考虑也来得及，现在找了又不是马上就要去上班。"真等到毕业时，看到身边的人都陆续签约，他傻眼了，连自己能做什么都还不清楚。

个人职业生涯发展的预备阶段，需要充分利用此阶段对未来的职业发展方向进行探索和尝试，并有针对性地学习和积累一些专业技能，多从实践中了解社会、了解职场、了解自己的能力特长等，以便于毕业时与职场"无缝接轨"。否则，毕业求职时就会手忙脚乱，不知道方向。

误区06：年轻是资本，工作越多尝试越好

James毕业一年，已经换了3份工作，做过外贸跟单员、销售和经理助理，可他都觉得不合适，做几个月就辞职。"趁年轻，我想多尝试不同的工作，其他的走一步看一步吧。"James就这样不停地跳槽换工作，但始终定不下来。

"裸辞""闪辞"似乎已经成为职场新人的通病。工作中碰到一点阻碍和不顺心，就立马放弃，去尝试其他的新领域，一直追逐着"更好的工作"，却不知道究竟什么才是自己需要的"好工作"。"一份好的工作，也是一个好的妥协。"择业是要选择与自己能力、价值观相匹配的工作，在不同发展阶段，选择对自己最有利的机会。世界上没有完美的工作，毫无头绪地瞎跳槽、乱换岗位和行业，只会让自己的发展停滞不前，甚至倒退。

误区07：计划没有变化快，用不着规划

“计划总赶不上变化，没必要提前计划什么。”Michael做IT工作做了3年，总是在新项目有需要时，才会临时突击学习可能需要的新知识。他有技术，但总显得不够火候，做了几年了，技术进步还是很缓慢，升职的事总是遥遥无期。

前进的方向，来自清晰的职业规划。面对瞬息万变的“变化”，你只有提前通过规划、制定具体的目标，才能在风浪中掌握住自己的方向。越是知识和技能更新周期短的行业，越需要规划来提高自己对行业发展趋势的预见性。只有时刻准备着的人，才能在机会出现时，抓住发展的机遇。

误区08：想知道自己适合什么工作，只要做个测评

Sarah再一次辞职出来，这份行政助理的工作做了不到1年，还是没能坚持下来。可自己到底适合做什么，工作3年了，她还是一头雾水。这次找工作前，她特意做了好几份职业测评，以希望从测试结果中找到合适的工作。但结果出来那么多“适合职业”，难道自己要每个都去尝试一遍么？还是迷茫。

网上流传着各种各样的职业测评，在择业迷茫时、发展困惑时，职场人都想立马找到最有效、最快的方法解决困难。但职业测评只能作为自我了解的辅助工具，并且需要专家根据测试结果，结合你个人的实际情况进行分析和解读才能起到解决问题的作用。进行择业、职业定位时，需要综合考虑、评估各方面要素，才能最终做出决策，切勿片面地理解和利用职业测评结果。

误区09：有了各种证书，就能找到好工作

从大三开始，Paul就开始考各种证：导游证、会计从业资格证等等。可是到毕业了，看着各种各样的工作，他也不知道找什么好，面试了几家公司，也无果而终。

很多大学生和职场人依然认为考到证书就能找到好工作，其实光有证书根本无用。求职者最好先明确职业目标，有一个初步的职业规划，有针对性地进

行学习。更重要的是，企业用人现在更看重实际技能，判断你是否是真正能为企业创造效益的人。

误区10：按照别人的成功轨迹“依葫芦画瓢”

Peter学的是经济学专业，但并不是太喜欢。在他认识的人中，有一位学长也是经济学专业，但后来考了法学的研究生和律师资格证，读完书出来从事经济法律方面的工作，前途似锦，风光异常。Peter觉得这个方向不错，自己也去考法硕士，可那些法律条文都背得让他头疼，更谈不上通过考试了，他觉得前途一片渺茫。

在职场上摸爬滚打，大家都希望有朝一日出人头地、光耀门楣。如果是看到和自己经历类似的人成功，产生模仿的心理很自然。但是，生搬硬套并不会给你带来同样的成功。每个人的发展轨迹和经历都其特殊性，尤其职业发展上，个人的能力水平、价值观、性格特质等都在影响和左右最终的结果。每个人的职业规划都必须量身定做，才能获得属于自己的成功。

一些传统的旧观念和旧习惯已经跟不上今天时代前进的步伐，只有不断学习新知识、新理念，并且不断与时俱进地调整自己的职业规划，才能从容面对职业发展中的各种挑战，收获属于自己的成功。

时间不等人，提前做好自己的职业生涯规划，对自己以后的人生将有很大的影响，凡事预则立不预则废，对自己职业做提前的规划，为以后走向成功打下基础。

下面提供一份职场新人职业生涯规划书范文，仅供参考。

范文赏析

职场新人职业生涯规划书

在大学生就业形势越来越严峻的今天，职业规划开始成为大学生争夺战中的另一重要利器。对企业而言，如何体现公司“以人为本”的人才理念，关注员工的人才理念，关注员工的持续成长，职业生涯规划是一种有效的手段；而

对每个人而言，职业生命是有限的，如果不进行有效的规划，势必会造成时间和生命的浪费。

作为当代大学生，若是带着一脸茫然，踏入这个拥挤的社会，怎能满足社会的需要，使自己占有一席之地？每当人类经过一次重大变革，总是新的机会在产生，有的机会在消失。只有那些先知先觉的人才能抓住机会走向成功，而那些抱着旧观念不放的将会被社会所淘汰。在茫茫人海中，如何能先拔头筹，就看你是否准备充分了，所以，对自己个人职业生涯规划做个适当的规划是很有必要的。有了目标，才会有动力！

一、自我分析

1. 价值观

崇尚自由自在的生活，不喜欢被拘束。舒服安逸富裕的生活，是我的向往。从小就被教育要有团体合作精神，所以我一直认为，人最可贵的就是能团结合作，全力以赴。这样可以做到事半功倍。

职业价值观（进行过职业价值观测试）：工作的目的和价值，在于不断创新，不断取得成就，不断得到领导与同事的赞扬或不断实现自己想要做的事。获得优厚的报酬，使自己有足够的财力去获得自己想要的东西，使生活过得较为富足。希望一起工作的大多数同事和领导人品较好，相处在一起感到愉快，是一种极大的满足。

2. 性格

比较外向、开朗、幽默、乐观，也很率性。喜欢交朋友，擅长于与人沟通，人际关系佳，忠实可靠。

3. 兴趣

平常喜欢打篮球、听音乐、逛街、交朋友。还喜欢上网，看些小说，喜欢看各种杂志类书籍。积极地培养各方面的兴趣，比如学吉他，对辩论方面的知识也很想去了解，想成为全方面人才。

4. 能力

计算机应用，office软件应用，听从指挥，有计划有思考的去完成一件任务。有责任心，上进心，做事认真投入，擅长想象思维。可以充分发挥善于运用抽象思维、逻辑推理等能力来分析解决问题的优势，发扬独立钻研的学习精神。由于参加学生会和长期担任班干部，有丰富的管理经验，实践能力强。但缺乏耐心、毅力。

5. 职业兴趣

我的职业兴趣很广泛，由于我是学管理的，对管理方面的知识比较了解，可以学以致用。希望能够在企业人力资源管理方面有所发展，自我表现和体现我的价值所在。

6. 职业个性

喜欢独立地计划自己的活动和指导别人的活动，在独立的和负有职责的情景中感到愉快，喜欢对将来发生的事情做出决定，想努力成为一位优秀的领导者。在工作中形成一定的个人魅力，得到大家的肯定及尊重。软硬兼用，以身作则。对自己未来有信心。

7. 职业价值观

希望工作以团队合作的方式进行，大多数同事和领导在工作中有融洽的人际关系，相处在一起感到愉快、自然，认为这就是很有价值的事。重视工作中人与人之间的关系，希望能建立良好的同事关系。愉快、协调的团队协作是我这种类型的人所追求的。

二、自我分析小结

所谓江山易改本性难移，虽然恒心不够，但可凭借那份积极向上的热情鞭策自己，久而久之，就会慢慢培养起来，充分利用一直关心支持我的庞大亲友团的优势，真心向同学、老师、朋友请教，及时指出自身存在的各种不同并制定出相应计划以针对改正。经常锻炼，增强体质，以弥补体质不够带来的负面影响。有温情、有同情心，反应敏捷，有责任感。非常关注别人的情绪、需要和动机。善于发现他人的潜能，并希望能帮助他们实现。能够成为个人或群体成长和进步的催化剂。忠诚，对赞美和批评都能做出积极的回应。友善、好社交。在团体中能很好地帮助他人，并有鼓舞他人的领导能力。

三、未来人生

职业规划（未来5～15年规划）

1. 基本目标（理想状况下）

富裕水平，有房有车；身体健康，工作顺利；家庭幸福和睦。

2. 具体规划

（1）即日起至大学毕业。

①认真修完大学所有学分，拿到学士学位及毕业证书；争取通过英语四、六级考试。

②学好并掌握专业知识，多参加些社会实践，拓宽视野。

③锻炼身体，以良好的体质迎接全新的挑战。

（2）大学毕业后5年内。

①找份较为理想的工作，不一定要与专业对口，能养活自己。最好能养活家人。

②尽可能在这5年里考取MBA证书，提升管理能力。

③往各方面了解。这期间要尽量多学习各方面的知识技能，多接触各行业的人，以建立更好的人脉。

④不排除经商的可能。

（3）大学毕业后5～10年。

①考取公务员，买套房子（不排除按揭）。

②如果对原来工作不满意，则重新找工作。往金融方面发展，要精通该行业的运作方式及发展前景，使自己在与别人竞争中有优势。

③看准时机，抓住机遇，自主创业，也是一个不错的选择。

④这是非常关键的几年一定要好好把握。

（4）大学毕业后10～15年。

①买车；过富裕生活。

②在前10年的基础上，制定出正确的、适合自己的人生方向，从而更进一步。

四、社会环境及就业环境分析

1. 社会环境

当今经济全球一体化，我国已从工业化社会进入到信息化社会。加上我国加入WTO之后国际竞争更加激烈，加上近期的国际金融风暴，造成有钱的不愿投资怕亏本，没钱的做什么都很难。每当人类经过一次重大变革或一次金融风暴后，总是新的机会在产生，有的机会在消失。只有那些先知先觉的人才能抓住机会走向成功，而那些抱着旧观念不放的将会被社会淘汰。

2. 就业环境

我们将处于一个无固定化职业的社会，下岗及待业人员已越来越多。大学毕业生越来越多，就业压力越来越大。再加上金融危机所带来的一系列的问题，我们至少要有一技之长，才能立于不败之地。行政管理专业具备行政学、政治学、管理学、法学等方面的基本理论和基本知识，受到行政学理论研究、公共政策分析、社会调查与统计、外语、公文写作和办公自动化等方面的基本训练，具备行政管理的基本能力及科研的初步能力，也具备理论基础。

3. 职业分析及企业分析

（1）职业分析：三百六十行，行行出状元。

（2）企业分析：企业要有竞争力，口碑要好，最好是上市公司。

五、职业选择

1. 树立职业发展目标

树立职业发展目标可以成为追求成就的推动力，有助于排除不必要的犹豫，一心一意致力于目标的实现。那么，如何确定职业发展目标呢？通常，在自我调查、评估、定位之后，根据社会的需要和环境的许可程度，将自我动机和需要以奋斗目标的形式与社会需要相结合，来制定职业发展目标。

2. 职业选择：公务员

3. 职业风险

公务员考试很多人都认为是行政管理专业就业的正宗领域。行政管理专业的确研究行政管理活动，研究公务员，研究如何做好一个公务员，但是在我国的公务员考试方面，行政管理专业并没有额外的照顾，考试的科目也没有什太强的行政管理专业色彩。复试很多单位的招聘职务都有很强的专业要求，因为公务员考试招聘的都是主任、科员以下的非领导职务。对你的事实操作能力很高，所以一般都需要中文系、计算机系、法律系和人力资源管理专业的学生，而行政管理专业的学生由于培训定位如何管理好社会事物，如何领导好行政机关的，这样的专业的学生虽然不适应非领导职务的具体要求的，所以行政管理专业的学生在公务员考试中要显示出你有特别的资质。

六、职业优化

我对自己感兴趣的事物会花心思去学习钻研；热爱自己的事业。自信，进取，奉献是我的所拥有的。学习，学习，再学习；实践，实践，再实践；锻炼，锻炼，再锻炼。这是给自己充电的最好方式，这要求我要有虚心，耐心，进取心，信心。我对自己有信心。父母，老师的社会经验及社会阅历要比我们丰富得多。在人生的旅途中，我们要经常请教他们。毕竟读万卷书不如行万里

路，如行万里路不如阅人无数，阅人无数不如跟着成功者的脚步。俗话说："天有不测风云""世事难料"，每个人在自己的人生旅途中都会遇到许多难以预测的事情。职业规划固然好，但更重要的是具体实施并取得成效。任何目标，只说不做到头来都会是一场空。而且职业规划归规划，实际归实际。定出的目标计划随时都可能遇到问题，所以为了自己的现实职业生涯规划行之有效，我结合自己在现实职业目标的过程中可能出现的实际情况对职业规划进行评估分析和做出相应的调整。

七、反馈与修正

这项工作只能在计划的实施当中进行，但是这里我觉得能够把握的是对近中期目标的实施策略过程。近期目标的计划主要应该考虑到的是自身的学习与工作状况的因素。由于自己还在担任学生干部的职位，所以这个过程还要考虑到学生工作因素，以及各种学习任务必须完成的情况。同时，在制订每年的计划时，还要考虑到自己的精力和效率问题。计划赶不上变化。随着客观条件的变化而不断的变化修改的。所谓实践出真知，应该在实践中不断的调整评估修改。在这份规划书下，我还应该结合自己的能力和实际情况制订每天或者每周的计划。或许，大学毕业以后不能马上找到和自己专业对口或是自己满意的工作，那时的我绝不会苦苦地搜索、等待，我会先将就地找份工作安定下来，然后再专心寻找自己中意的工作。

八、对职业规划的看法

记得曾听说过："一个人的悲哀不在于目标未达成，而在于没有目标可达成。"如果你对自己的人生毫无目标，毫无规划。我不敢说你不会走向成功，但有一点可以肯定的是：你将会比那些准备充分的人要走更多的弯路，遇到更多的挫折。成功没有捷径，但是有方法。选择比努力更重要，方向比速度更重要。记住：当规划好自己的职业生涯时，就相当于已经是从选择与方向这方面开始，再加上自己的努力与速度，人生将会飞黄腾达。计划固然好，但更重要的，在于其具体实践并取得成效。任何目标，只说不做到头来都会是一场空。然而，现实是未知多变的，定出的目标计划随时都可能遭遇问题，要求时刻保持清醒的头脑。一个人要想获得成功，就必须拿出勇气，付出努力，拼搏、奋斗。成功不相信颓废；成功不相信幻影，未来是要靠自己去打拼！要靠自己的努力。

第三章

3

第一次找工作，做好各种功课

职场导读

制定好了自己的职业规划，下一步就是如何找工作了。俗话说："有多大的金刚钻，就揽多大的瓷器活"。求职者最好能根据自身的实际情况去锁定目标，选择工作，只有合适的工作才是最好的岗位。然后尽可能多地去了解用人单位的情况，准备好相关资料参加面试，从容地成为一名职场人。

第一节　如何制作求职简历

职场点睛

要组织好个人简历的结构，不能在一个个人简历中出现重复的内容。让人感到个人简历条理清楚，结构严谨是很重要的。

在制作简历时，想要自己的简历能尽快地得到用人单位的认可，首先简历的内容一定要真实，同时要标示自己的工作目标等。那么如何制作受欢迎的简历呢？在制作简历时，需把握以下几个关键点。

制作简历时需把握的关键点

关键01：内容真实

不管是你的知识水平、业务能力，还是你的工作经历，不管是简历的哪个环节，哪怕是一个细小的部分，在填写这些东西时，都要遵循真实的原则，并要执行好“真实”这个原则。应聘者在应聘过程中，如果一旦被用人单位发现你的简历有造假的现象，你的人品道德也就会完全丧失，这也注定这个应聘者无法找到优秀的雇主。

关键02：目标一定明确

尤其是在申请大公司的职位时，一定要在简历最醒目处，明确表述清楚自己希望工作的“目标城市”“目标部门”以及“目标岗位”。特别是要重视自己理想的职位是什么，然后从专业、技能、经验、兴趣等方面简单分析你的目标职位的由来。绝对忌讳“眉毛胡子一把抓”，这种对自己职位没有明确目标的申请者，也是最容易被淘汰的对象。

关键03：简单但要厚实

简单的意思是，千万不要把简历写上五六页，一般人力资源部门负责第一轮简历筛选的人，根本没有那么多的精力看，一般在第一轮筛选简历时，平均来讲，看一份简历最多只有30~40秒的时间，所以张数太多的简历很容易招人烦。建议简历张数最好控制在一两张内，最多不要超过3张。

一份“一目了然”的简历，一定是把应聘者的最大特点放在简历最突出的位置，千万不能让筛选简历的人，从简历中总结、提炼你的特点。

厚实是指简历内容要丰富，传递的信息量必须大。要把自己的教育背景、工作经验、能力优势都一一表达清楚。

关键04：采用倒叙方法

很多人在写简历时，喜欢从过去讲到现在。标准简历建议最好采用倒叙方式来写，直接从最接近的时间入手，让简历筛选者更容易获得重要的信息。必要时，一些重要信息可以重点处理，但千万不要处理得太花哨，便于阅读是最主要的原则。

关键05：莫写所有经验

你所参加的实践、项目以及自己写的论文等最好不要全部写出来，只需要描述与自己现在应聘职位要求所相关的经验、经历就可以了。用这些经验证明你有能力做好自己的目标工作，能胜任自己的目标岗位。

关键06：不同公司简历不同

公司不相同，文化自然有差异。应聘者千万要记住：应聘不同的企业，一定要用不同的简历。这并不是主张应聘者简单地变更一下原来的简历就可以，而是建议应聘者必须结合要应聘的企业，重新制作自己的简历。

关键07：不必附加证书

对于在第一轮递简历时就附加很多证书的现象，专家提醒说，千万不要这样做，也无须这样做。最好的做法是：在用人单位通知你参加笔试、面试时，才提交你那些与申请职位相关联的证书，而且必须是如实提供相关证书。

下面提供一份大学生个人简历的范文，仅供参考。

范文赏析

个人简历

姓名：×××　　　　联系电话：　　　　邮箱：

家庭地址：

求职目标：

教育背景：

2010.9—2014.6　上海对外贸易学院法学（国际经济法方向）本科。

主修课程：国际金融、基础会计、市场营销、国际贸易实务、国际经济法、国际贸易法

实习经历：

（1）2013.1—2013.2　中国银行上海正大广场支行见习柜员

负责本行开户企业对账单的整理及反馈，记录每天的晨会概要，协调柜台与大堂经理的沟通，接受客户关于存贷业务的咨询，录入信用卡申请资料等；积极学习个人理财业务知识，协助客户经理完成指定基金的销售业绩

（2）2012.7—2012.8　联合证券有限责任公司长江西路营业部投资经理助理

指导客户开户流程，在投资经理的指导下学习大盘趋势的判断，以及优质股票的推荐；负责与潜在客户沟通，分享理财知识，在时机成熟的情况下把投资经理推荐给客户，以其更专业的知识完成客户营销，期间团队营销业绩为8户，个人直接参与5户。

（3）2011.7—2011.8　上海零点市场调查有限公司数据采集员

参加过3个大型项目，根据项目要求进行电话访问、拦截访问和定点访问，克服被拒绝的心理障碍，不断尝试新的方法与客户沟通，从而赢得客户的信任；认真完成问卷填写，及时追问客户真实意见，经督导回访，信息准确率达到95%。

实践活动：

（1）2011.9—2013.6　上海对外贸易学院励勤人才服务公司市场部业务经理

积极联系校外企业，拓展学生的就业市场，并参与项目管理；累计为学生提供20个校外工作岗位（包括促销、翻译等）、联系过8家企业来我校做招聘会（包括民生银行、中银国际等）、提出建立学生人才库的构想并录入第一批名单。

（2）2012.7—2012.8　世界特殊奥林匹克运动会志愿者

在豫园进行印有Q版刘翔、姚明形象T恤衫的义卖，用双语进行解说和吆喝；在三天的义卖中，团队业绩20件，个人直接贡献15件。

（3）2011.9—2012.6　英语俱乐部副社长

负责社团日常事务的布置协调，包括校外赞助商的邀请、品牌活动英语沙龙的组织和策划、学术讲座组织、校外拓展活动的联系（例如组织社员去人民公园练口语）等；使英语俱乐部从一个10人的社团扩充到50人，并整理出学术类社团活动举办活动的思路。

（4）2011.3～2011.12　上海对外贸易学院学生创业中心管理服务中心市场部助理

搜集关于创业的各种比赛、成果、政策性文件等资料，积极参与中心市场战略的制定；并为市场部确定了工作方向。

获奖情况：

学术类：国家奖学金一等奖（1次，1人/学期）、校优秀学生奖学金三等奖（2次，专业前10%）。

2011-2012学年度暑期实践先进个人、暑期实践征文二等奖（3人/学期）。

实践类：上海对外贸易学院励勤人才服务公司优秀业务经理（3人/学期，公司共30人）。

2012-2013学年度勤工助学先进个人（1人/学期）。

2012-2013学年度法学院体育标兵（1人/学期）。

技能与培训：

语言水平：中级口译证书英语六级。

计算机水平：上海市电脑中级证书熟练办公软件操作。

第二节　如何网投求职简历

在网络求职中，向一个单位同时申请多个职位，并不能表明你的能力超人，相反，用人单位会认为你非常盲目，没有自己的目标，缺乏主见。

很多应届毕业生在找工作的路上遇到了很多问题，应聘资料投出去后，往往得不到回音——没有回音，就没有面试的机会，没有面试的机会就没有被招聘单位录用的可能。其中原因很多，但应聘者自身的问题是不可忽视的。在此整理出求职简历投递的八大技巧，使应聘者尽最大可能地得到招聘单位的回音。

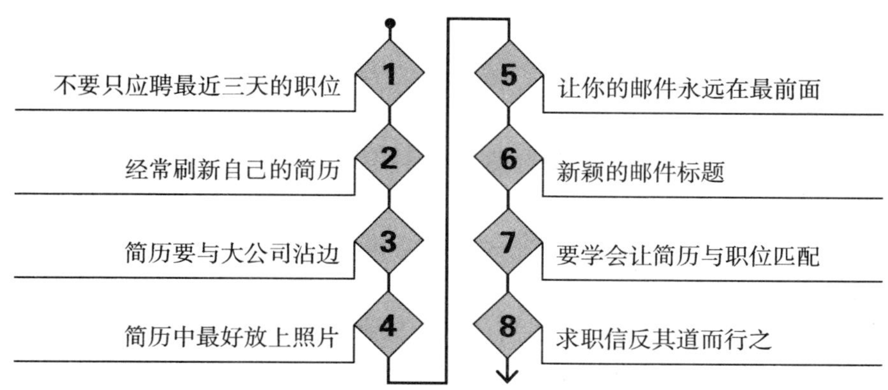

求职简历投递的八大技巧

技巧01：不要只应聘最近三天的职位

一般求职者认为刚刚发布的最新的招聘信息肯定是成功率最大的，其实不然。因为很多企业人力资源经理没有及时的登录刷新刊登的职位，所以求职者在搜索职位时刚刷新的职位会排在前面，这些职位应聘的人多，竞争大。相反，一些职位已经是发布了半个月甚至两个月的，应聘的人少，成功率反而高。

技巧02：经常刷新自己的简历

当人力资源经理搜索人才时，符合条件的简历是按刷新的时间顺序排列，而一般只会看前面一两页。很多求职者其实并不知道刷新简历可以获得更多的求职机会。因此每次登录，最好都刷新简历，刷新以后，就能排在前面，更容易被人力资源经理找到。

技巧03：简历要与大公司沾边

当人力资源经理搜索招聘网站简历库简历时，一般会以关键字“知名企业名称＋职位名称”，比如消费品行业，人力资源经理会这样搜索，“可口可乐＋销售经理”，系统会搜索到简历中出现以上关键字的求职者，如果你的简历里出现知名企业名称的字样，就可以被搜索到。

例如：“我在××矿泉水公司工作，成功地令竞争对手可口可乐旗下的天与地矿泉水在当地的市场份额减少……”；“我在可口可乐的广州白云区经销商工作”等。

技巧04：简历中最好放上照片

每份投出去的求职简历都要贴上自己的照片。无论招聘单位是否有明确要求，都要主动提供自己的照片，这不仅体现了你的诚意，也使招聘单位更有可能对你的应聘资料发生兴趣，进而有耐心浏览你应聘资料上的内容。

对于人力资源经理来说，每天需要浏览大量简历，如果同等的条件，一般会先通知有照片的求职者来面试，因为通过照片，人力资源经理对应聘者又多了几分了解。

技巧05：让你的邮件永远在最前面

要知道人力资源经理每天打开邮箱，由于时间有限，100多页简历邮件他们最多只看前5页。所以发邮件到企业指定的邮箱时，怎样才能让你的邮件永远排在最前面，让人力资源经理每次打开邮箱都首先看到你的邮件？

很简单，只要在发邮件前，把电脑系统的日期改为一个将来的日期，如2016年，因为大多邮箱都是默认把邮件按日期排序，所以你的邮件起码要到2016年以后才会被排在后面。

技巧06：新颖的邮件标题

人力资源经理每天收到大量的求职电子邮件，求职者一般会按企业要求把邮件题目写成：应聘××职位，怎样才能吸引人力资源经理的眼球，让他先打开自己的邮件？可以在邮件题目上做文章。人力资源经理一天收到几百封邮件，只有标题新颖的才有机会被打开。

例如，有个女孩发了100多封邮件求职都没有任何反应，因为应聘做文员的太多了，而她做过空姐，于是她将邮件标题改为“空姐来广州找工作”后，结果三天之内就有30多个人力资源经理通知面试，3个月找不到工作的她而变成3天找到上十份工作。你现在知道邮件标题的重要性了吧。

技巧07：要学会让简历与职位匹配

不要太在乎对方职位要求的描述，很多职位描述只是套用一贯的格式。如果你看到对方职位要求本科，你是专科就不敢投递简历，那就失去机会了。如果你看到对方要求有5年经验，你只有3年经验，你也不敢投，那完全没有必要。

例如，招聘单位要求领导能力强，你可以在简历里说明自己具有领导才能；要求沟通能力一流，你也可在简历里说明自己最擅长沟通。你可将简历改成为职位描述完全量身定做的简历。因为简历表面匹配度越高，增加面试的机会就越大。

技巧08：求职信反其道而行之

一般人认为在求职信中称赞对方公司会引起好感，其实不然。如果先指出这家公司的缺点，往往会引起关注，语不惊人死不休呢。作为人力资源经理，一般只会对指出公司缺点的求职者有好感，对恭维公司的求职者一般会放在一边。

例如，即使你不知道对方公司的缺点，你随便写一些永远不会错的："我认为贵司创新不够，市场表现过于常规化；我以消费者心态观察贵司，发现贵司客户服务还有许多待改进的地方；我发现贵司品牌形象还有可能做得更好……如闻其详，可面谈。"这样可引起招聘者的注意，为你赢得面试的机会。

职场播报

招聘会上如何投递简历

招聘会上人山人海，你抱着简历看着一家家的招聘单位，你是怎么将简历投递上的呢？你投了N份之后收到多少面试机会呢？在招聘会上投简历也是有一定技巧的。

1. 关于工作经验

在招聘会上，一般人都是通过分析公司的现场招聘广告来评估自己是否符合条件，这里着重说工作经验的问题。比如学土木的，一般人家说要一年工作经验的，意味着应届生可能有戏，而3年以上工作经验的，最好就不用浪费体力和时间了。而营销类的不在以上范围中。

2. 如何等排队

你看到适合的公司、准备投放简历的时候，一般来说公司展台前会有很多人，那你要如何等待面对招聘人员呢？

文质彬彬地排队？一边看招聘广告一边听招聘人员和别人的对话？还是低头翻看自己的简历？

都不可取！

最好是用目光直视招聘人员，一个人在被人关注的时候一般都会寻求目光接触，当招聘人员在和别人洽谈的时候，一定会在人群看到你，而在目光交汇的一刹那，就已经决定了他对你80%的第一印象，你这个人是不是够自信等问题都能够靠目光观察出来。

3. 和谁说话

好不容易轮到你了，你要如何开口说第一句话呢？

一般招聘人员都是两人，你要先和谁说呢？其实来招聘的两个人不是随便的两个，一般一个是公司人力资源部门的人，另一个是相关专业人士。最简单的区分方法就是性别，比如以工程方面专业为例，一般女的是人力资源部，男的是技术部；而两个同性的话，一般就是年长者为技术部。

许多人以为应该和技术部的人说话，因为可能以后拍板的是他——错，其实要和人力资源部的人先说，因为你和她说话，她基本不会问你任何专业问题，一般都是客套话之后再介绍你去找技术部负责人，而这样由她介绍总比你冒昧地直接找技术部门的人要好，而且可以让你很快地进入状态。

4. 如何说话

“你好，我是某某大学的应届生，我想要应聘贵公司某某职务，这是我的简历……”这样吗？

错！这样的话没有和人家完成最初的交流，一般是这样的：

“你好！”注视对方，然后身体完全正对她，但是不要坐下，因为对方会请你坐的，你要做的是等，等什么呢？等对方的问候！

“你好，请坐！”一般来说对方会这样回应。

可是总有人忘记了你还站着，那怎么办？自己坐下？不行，一定要问一句："请问我可以坐下吗？"

"当然！"这样你就完全掌握了谈话的主动。

"刚才看了贵公司的介绍，我想要应聘贵公司××职务，我觉得我完全符合公司的要求，我是某某大学的应届生，这是我的简历……"

"哦，好的，可以简单谈谈你自己吗？"对方会翻看你的简历，而这时候你一定要表现的足够自信，要让她觉得，你是来找工作的。

"好了，你应聘的职位具体由×××部长负责，你还是和他说好了。"

"××部长你好。"然后开始你已经准备好的词。

注意一点，他问的相关专业问题一定是最基本的问题，一定要100%回答正确。你千万别说自己不知道。可万一你真的不知道怎么办？

不怕，就算你不能100%回答正确，你也一定知道个大概，那你就把你知道的那部分尽量说得详细，面试的时候万万不能打肿脸充胖子，要知道，说得越多错得越多。

5. 说好结束语

简历算是投放完了，眼见着对方在简历上打了个"优"。

要具体问问人家通知的时间，然后说一句好听的"我十分期待和您的合作""期待和您的下次见面"，最后再加上个道别语。

做到上面的几点，基本你的简历算是投出水平了，剩下的就等着人家通知你面试了。

第三节　如何参加面试

职场点睛

无论学历如何高，资历如何好，工作经验如何丰富，当面试官发现求职者对申请的职位知之不多，甚至连最基本的问题也回答不好时，印象分自然会大打折扣。

面试是一种经过组织者精心设计，在特定场景下，以考官对考生的面对面交谈与观察为主要手段，由表及里测评考生的知识、能力、经验等有关素质的一种考试活动。

面试是公司挑选员工的一种重要方法。面试给公司和应聘者提供了进行双向交流的机会，能使公司和应聘者之间相互了解，从而双方都可更准确地做出聘用与否、受聘与否的决定。

面试是用人单位以目测和问答为主要方式，选拔所需要的优秀人才的特殊考核形式。通常安排在笔试和其他考核之后进行，面试的成败对应聘者来说，往往具有“一锤定音”的作用。因此，作为即将踏入职场的应届毕业生，在面试时要掌握以下要点。

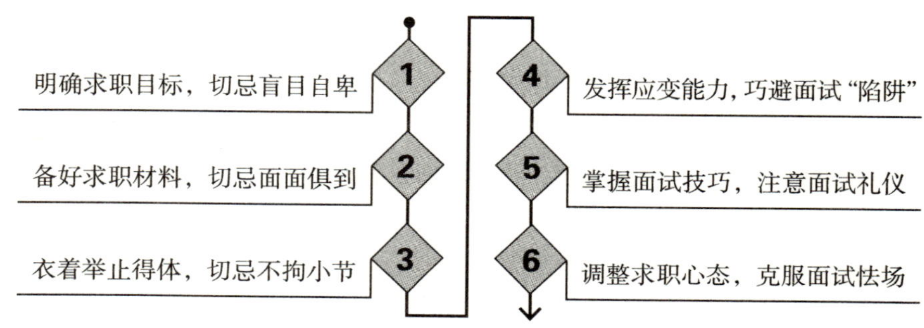

面试时要掌握的要点

要点01：明确求职目标，切忌盲目自卑

有些毕业生在求职面试多次碰壁后变得茫然，不知所措，不知道自己能干什么，适合干什么，缺乏自我定位。还有些毕业生为了表示自己的诚意，在求职面试时跟招聘者说，我什么都能干，没有工资都行，只要给我一个机会。这使得用人单位哭笑不得。

对一个单位而言，什么都能干的人适合的岗位只有CEO了！对高校毕业生，特别是屡遭挫折的求职者来说，掌握就业信息十分重要。求职面试前要集中时间，先在相关网站查询一下有关信息，进行汇总分析，然后根据自身状况，明确求职目标与努力方向。

在当前毕业生大幅度增加的情况下，要切忌把目标定得过高，并要不断总结经验教训，锲而不舍地为实现自己的目标而努力。

要点02：备好求职材料，切忌面面俱到

毕业生首先必备的是一份简历和一份求职信。一分“推销”自己的简历，一两页纸就够了，冗长的简历往往被招聘人员随手搁置一旁。

简历要避免错字、别字和拼写错误；要突出自己的能力、专长或师从的著名教授。切忌面面俱到，要突出重点，使用人单位在最短的时间里就能了解应聘者最主要的内容。

简历不要花里胡哨，如果是电子简历，不宜带任何图案的点缀，以免被单位的服务器当作病毒拒收。

寄简历的同时，应附上一封简要的求职信，概述一下自己的目标和愿望，再简述自己的经历和能力。不要同时给多家单位发千篇一律的求职信。

一些毕业生抱着“广种博收”的心理状态把“精美的”自荐材料复印若干份寄往不同的用人单位，这些毫无个性的自荐材料又有多少会引起招聘者的注意呢？其结果也许只有一个——当废纸处理掉。

应聘一个单位，事先要反复阅读该单位的网页，留意他们的用词或用语。假如“挑战”“竞争”这样的词出现多次，不妨在信中阐述自己喜欢“挑战”和不畏“竞争”，名曰“投其所好”。

要点03：衣着举止得体，切忌不拘小节

一位招聘专家曾说过：“我们很注意观察应聘者的行为举止。当应聘者来到房间后，我会注意观察他是否等我请他坐下时再坐。”

很多毕业生并不知道，招聘者对应聘者衣着和举止言行的观察尤其细致。谁都知道不能穿一件花衬衣和五颜六色的袜子去面试，尽管西服、领带显得有点严肃，但还是最好的着装。

毕业生如果不顾自己的条件，临近毕业进行美容、购置高档服装等全面“包装”的做法也并不可取。一身干净整洁的学生装虽然很朴实——但不也很美吗?

对小节要予以更大的关注。如说话不能粗鲁、带口头语。站有站相，坐有坐相。又如一双鞋子，它能反映一个人的个性。如果皮鞋鞋面磨损，灰尘满面，会被看作是不注意整洁和不拘小节的人；皮鞋过于新潮，会被当作喜欢引人注目的人，对求职于需要庄重的政府机关、银行之类的工作岗位很不利。

要点04：发挥应变能力，巧避面试“陷阱”

看人看相，听话听音。某些招聘者在招聘时喜欢给应聘者设下“圈套”，以声东击西的方式，从求职者的回答来判断他的性格、品德、为人处事的原则等方面的信息，最后决定录用与否。因此，对于一个毕业生来说，能否清楚地理解招聘者的“言外之音”，并用巧妙的回答拉近与招聘者的距离，赢得最后的胜利便显得尤为重要。

如招聘者问：“我上学那会儿某门功课学得不太好，我发现这门功课你的成绩也不太好，你能说说是什么原因吗?”对于这样的问题，如果你顺着杆往上爬，回答说：“那门功课太难了，所以……”那你可就大错特错了，因为招聘者问这种问题绝对不是在和你套近乎，很大程度上他可能是在考验你面对问题时所表现出的态度：是从自身找原因，还是喜欢推卸责任。最好的处理方法是既不推卸责任，也不要一味自责，而是直面现实。

你不妨这样回答：“是的，我这门功课成绩是不太好，但我相信这不会成为我拥有这份工作的障碍。”

面试过程往往是应聘者与招聘者之间斗智斗勇的过程，一些招聘者可能会问一些极为刁钻的问题或是让人感到非常尴尬的问题，以检验应聘者的心理素质。有时他们甚至会用一个明显不友好的发问，或是用怀疑、尖锐、单刀直入的眼神，使应聘者的心理防线完全崩溃。如果这个时候你被激怒，或者完全失去了信心，那你可就中了圈套了，面对招聘者的咄咄逼人，当你黔驴技穷的时候，别忘了应战绝招：微笑着面对挑战。因为一个真正的智者，无论在什么情况下，都应该永远保持智慧与谦和的微笑，也许这时胜利已经在向你招手了。

要点05：掌握面试技巧，注意面试礼仪

求职礼仪是公共礼仪的一种，是指人们在职业场所中应当遵循的一系列礼仪规范。它一般是通过求职者的应聘资料、语言、仪态举止、仪表、着装打扮等方面展现个人素质和能力的外在表现。良好的礼仪规范，将使一个人的职业形象大为提高。

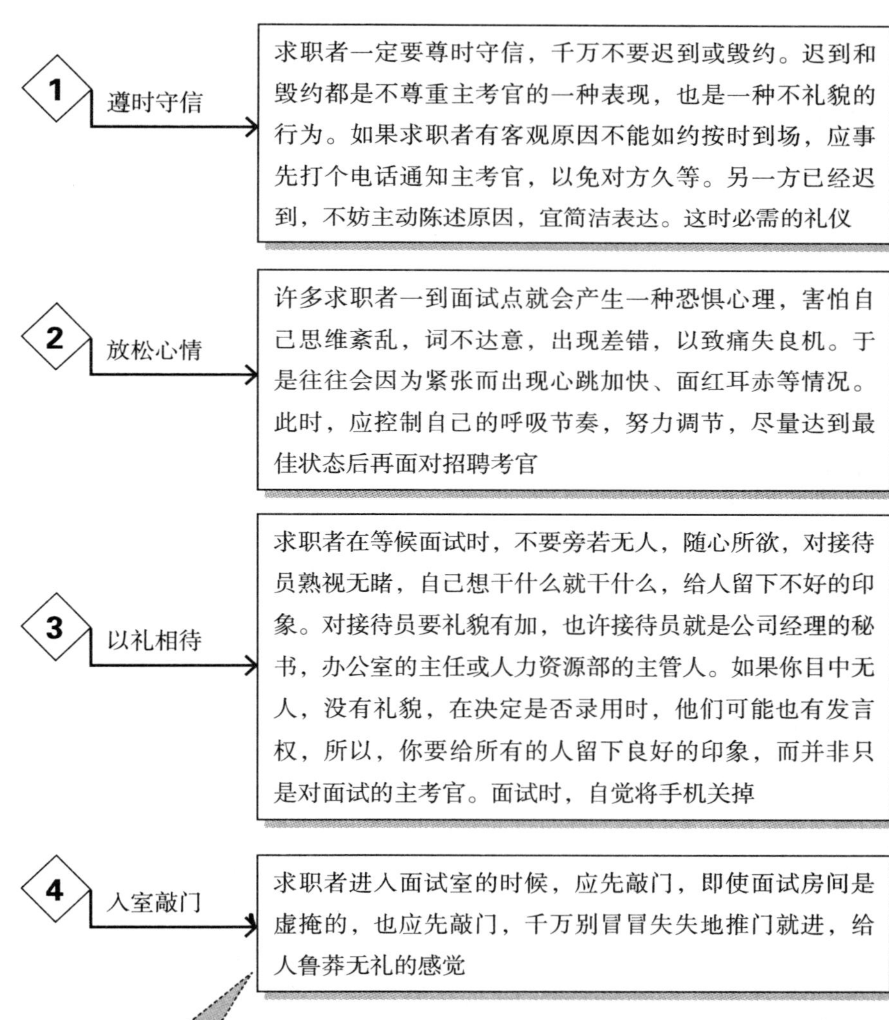

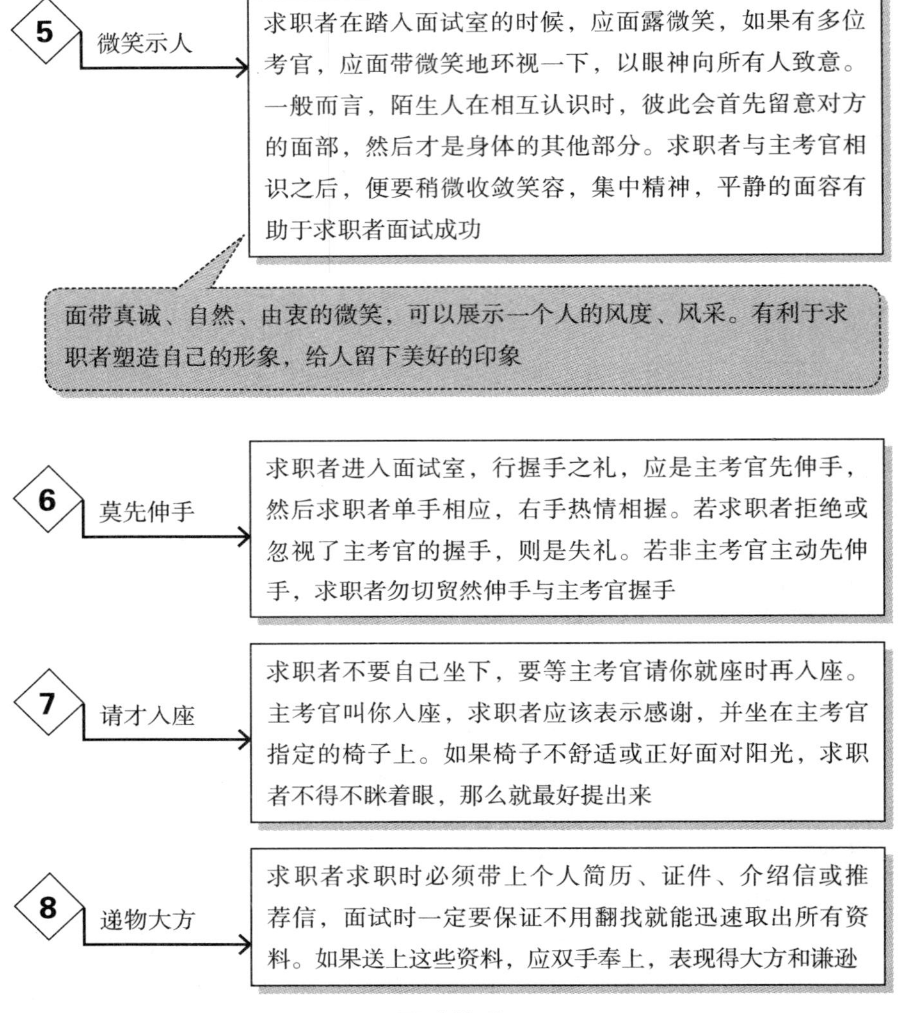

面试技巧

要点06：调整求职心态，克服面试怯场

对于刚刚走出校园的应届生来说，没有经历过多次面试，每当面试来临，既兴奋又有一丝害怕，因为不知道怎么来面对。不论面试前准备得如何充足，如果面试怯场了，这一切准备可能就白费了，这次面试也只能当作一次经历了。在这里就如何来解决面试怯场的问题给大家支个招，以提高面试的成功率，获得一份理想的工作。

要以一颗平常心正确对待面试，要做好承受挫折的心理准备。即使面试一时失利，也不要以一次失败论英雄

对招聘单位和自己要有一个正确的评价，相信自己完全能胜任此项工作。“有信心不一定赢，没信心一定输”

适当提高服装档次，穿得整洁大方，以改变自身形象，增强自信心

面试前做几次深呼吸，心情肯定会平静得多，勇气也会倍增

与主考官见面时，要主动与对方进行亲切有神的目光交流，消除紧张情绪。在心里尽量建立起与招聘者平等的关系。如果心里害怕，有被对方的气势压倒的感觉时，就鼓起勇气与对方进行目光交流，待紧张情绪消除后，再表述自己的求职主张

当出现紧张的局面时，不妨自嘲一下，说出自己的感受，可使自己变得轻松些

感到压力大时，不妨借助间隙去发现招聘者的诸如服饰、言语、体态方面的缺点，借以提高自己的心理优势，这样就会在自觉不自觉间提升自信，回答问题时也就自如多了

当与对方的谈话出现间隔时，不要急不可耐，这样反而给自己留下思考的空间，抓紧理清头绪，让对方感觉你是一位沉着冷静的人

回答问题时一旦紧张，说话可能结结巴巴或越说越快，紧张也会加剧，此时，最好的办法就是有意放慢自己的说话速度，让字一个一个的从嘴里清晰地吐出来，速度放慢了，心情也不紧张了。也可加重语尾发音，说得缓慢响亮，用以缓解紧张

进入考场，见到主考官时，不妨有意大声地说几句有礼貌的话，做到先声夺人，紧张的心情就会自然消失

解决面试怯场的办法

职场播报

面试前的准备

接到面试通知后，你该做些什么呢?

1. 迅速查找该企业的原始招聘广告

重温该企业的背景情况（一般在招聘文选中有所说明），以及应聘职位的要求是什么等等。如果你备有几种不同的求职信，应当了解投出的是哪一种求职信，最好再看一遍，做到心中有数。

2. 查找交通路线，以免面试迟到

接到面试通知后，应仔细阅读通知上是否标有交通路线，要搞清楚究竟在何处上下车、转换车。要留出充裕的时间去搭乘或转换车辆，包括一些意外情况都应考虑在内。如果对交通不熟悉的话，最好把路线图带在身上，以便问询查找。

3. 整理文件包，带上必备用品

面试前，应把自己准备带去参加面试的文件包整理一番，诸如文凭、身份证、报名照、钢笔、其他证明文件（包括所有的复印件）均备整齐，以备考官索要核查。同时带上一定数量的现金以备不时之需。

4. 准备面试时的着装和个人修饰

参加面试，在衣着方面虽不要特别讲究、过分花哨华丽，但也要注意整洁大方，不可邋遢，男士衬衫要换洗干净，皮鞋要擦亮；女士不能穿过分前卫新潮的服装。

总之，着装要协调统一，同所申请的职位相符。头发要梳齐，男士要把胡须刮干净。女士若感觉脸色不佳则可化淡妆，不可修饰过分。另外，还应保证面试前充足的睡眠。

第四节　如何做自我介绍

职场点睛

在自我介绍时，面试官借机了解求职者的信息，考察他们的语言表达能力、应变能力和岗位的胜任能力；应聘者也可以趁此机会主动向面试官推荐自己，展示自己的才华和能力。

在求职面试时，大多数面试考官会要求应聘者做一个自我介绍，一方面以此了解应聘者的大概情况，另一方面考察应聘者的口才、应变和心理承受、逻辑思维等能力。

千万不要小视这个自我介绍，它既是打动面试考官的敲门砖，也是推销自己的极好机会，因此一定要好好把握。

很多时候，面试考官都会叫应聘者进行一分钟自我介绍，而很多应聘者对于面试如何自我介绍会感到无从下手，但恰到好处的自我介绍，可以大大提高面试的好感，那么在求职场上如何做自我介绍呢?

介绍01：名字

第一个要介绍的肯定是名字，名字的介绍有很多种，可以拆开来说，一个字一个字地说。一个字一个字的解释适合除姓以外有两个字的名字，可以从字面意思开说。还可以用名人的名字中和自己的名字中共有的一个字来介绍自己的名字。

比如周恩来的周，毛泽东的泽，习近平的平，这样让人感觉你很自信，也很为自己的名字感到自豪。

关于名字的介绍还可以告诉面试官，为什么叫这个名字，名字的起源。

比如叫“十月”，因为是十月份出生的，或者叫“港生”，因为是在香港出生的等故事来让面试官记住你。

介绍02：学历水平

面试的时候自我介绍部分，除了名字，还有一个重要的就是学历，学历水平很重要。介绍学历的时候学校名字最好提一下，尤其是重点大学的，或是211工程院校之类的。

学历方面还要介绍的是专业，而且一定要重点介绍专业，在校期间学习了哪些课程等。

在学历方面还要介绍一下自己的专业证书和英语、计算机类别的等级证书。

介绍03：籍贯/家乡

家乡最好也简短地说一下，用精简的语言描述自己的家乡。要表现出来很热爱自己的家乡，尤其是回到家乡找工作的人，做自我介绍的时候一定要表现出建设家乡的志向。

如果是在外地找工作，就说一下自己与这个城市的故事，比如是为了爱情来到这个城市。

介绍04：做过什么

做过什么，代表着你的经验和经历。在这个部分，你主要介绍与应聘职位密切相关的实践经历，包括校内活动经历、相关的兼职和实习经历、社会实践等。你要说清楚确切的时间、地点、担任的职务、工作内容等，这样让面试官觉得真实、可信。特别需要注意的是，你的经历可能很多，你不可能面面俱到，那些与应聘职位无关的内容，即使你引以为荣也要忍痛舍弃。

介绍05：做成过什么

做成过什么，代表着你的能力和水平。在这部分，你主要介绍与应聘职位所需能力相关的个人业绩，包括校内活动成果和校外实践成果。介绍个人业绩，就是摆成绩，把自己在不同阶段做成的有代表性的事情介绍清楚。

在介绍个人业绩时，需要注意以下方面：

（1）业绩要与应聘职位需要的能力紧密相关。如果你应聘文员，就不需要介绍销售业绩。

（2）介绍自己的业绩，而不是团队业绩，因为用人单位要招聘的是“你”，而不是“你们”。

（3）业绩要有量化的数字，要有具体的证据。不要用笼统的“很好”“很多”；也不要用“大概”“约”“基本”等概数，而要用确切的数字。

例如：我一周内卖出了34箱方便面。

（4）介绍的内容应当有所侧重，不要说流水账，要着重介绍那些能体现自己能力的重点。

（5）介绍业绩取得的具体过程时，要巧妙地埋下伏笔。

例如，在介绍校外实践成果时，你可以这样描述：“在工作中遇到了很多的问题，不过我还是成功地克服并达成了业务目标。”引导面试官提问“遇到了哪些问题”之后，你就可以进一步阐述细节内容，体现出自己处理问题的能力。

介绍06：想做什么

想做什么，代表着你的职业理想。在这个部分，你应该介绍自己对应聘职位、行业的看法和理想，包括你的职业生涯规划、对工作的兴趣与热情、未来的工作蓝图、对行业发展趋势的看法等。在介绍时，你还要针对应聘职位合理编排每部分的内容。与应聘职位关系越密切的内容，次序越靠前，介绍得越详细。

你在自我介绍时，还应该避开介绍内容的禁忌——忌讳主动介绍个人爱好。忌讳使用过多的“我”字眼。忌讳头重脚轻。忌讳介绍背景而不介绍自己。忌讳夸口。忌讳说谎。忌讳过于简单，没有内容。

介绍07：时间要恰到好处

如果面试官没有特别强调，那么自我介绍的时间以3分钟最合适。你可以根据自我介绍的四部分内容，这样分配时间：第一分钟主要介绍自己的姓名、年龄、学历、专业特长、实践经历等；第二分钟主要介绍个人业绩，应届毕业生可着重介绍相关的在校活动和社会实践的成果；第三分钟可谈谈自己对应聘职位的理想和对本行业的看法。

通常情况下，每分钟180到200字的语速是比较合适的。这样的语速可以让对方感到舒服，同时也能更加有效地传递信息，增加面试官对你的印象分。

有时候，面试官会规定自我介绍的时间，你应该怎样应对呢？面试官规定的自我介绍时间缩短了，如“做一个1分钟的自我介绍”。遇到这种情况，你可以精选事先准备的3分钟自我介绍内容，突出“做成过什么”，展现你与应聘职位相关的能力。

比如，用10秒左右介绍“我是谁、做过什么”，用40秒左右介绍“做成过什么”，用10秒左右介绍“想做什么”。

下面提供几份应届毕业生面试时的自我介绍范文，仅供参考。

范文赏析

自我介绍（1）

各位老师：

早上好！

非常荣幸能参加这次面试，我是×××号考生，报考的职位是×××，希望通过这次面试能向各位老师学到更多东西。

我来自美丽的海滨城市××，今年24岁，是××大学××专业本科的应届毕业生。闽南的山水哺育我长大，我的血液里流淌着闽南人特有活泼开朗的性格和爱拼才会赢的打拼精神。带着这种精神，在校期间我刻苦学习，不负众望分别获得01—02年度二等奖学金，03—04年度和04—05年度三等奖学金，用实际努力报答父母和师长的养育之恩。

除了学习之外，我还积极参加各种社会实践活动。我曾担任班级的宣传委员，组织了几次班级和学院的公益活动：如青年志愿者助残活动，向孤儿院儿童献爱心活动等。组织这些活动以及和活动中和成员的相处让我学到了很多东西，对培养自己的能力和人际关系的处理有很大的好处，为我更快地走向社会提供了良好的平台。

此外，计算机和篮球是我业余最大的爱好，我计算机过了国家2级，除熟悉日常电脑操作和维护外，还自学了网站设计等，并自己设计了个人主页。我是班级的篮球队主力，我觉得篮球不仅可以强身健体还可以培养一个人的团队精神。

回顾自己大学四年的工作学习生活，感触很深，但觉得收获还是颇丰的。掌握了专业知识，培养了自己各方面的能力，这些对今后的工作都将产生重要的帮助。除此之外，也应该看到我的一些缺点，如有时候做事情比较急于求成，在工作中实际经验不足等等。但“金无足赤，人无完人”，每个人都不可避免地存在着缺点，有缺点并不可怕，关键的是如何看待自己的缺点，只有正视它的存在，通过不断地努力学习才能改正自己的缺点。今后我将更严格要求自己，努力工作，刻苦学习，发扬优点，改正缺点，开拓前进。

这次我选择这个职位除了专业对口以外，我觉得我也十分喜欢这个职位，相信它能让我充分实现我的社会理想和体现自身的价值。我认为我有能力也有信心做好这份工作，希望大家能够认可我，给我这个机会!

以上是我最真诚的求职面试自我介绍，谢谢各位老师!

自我介绍（2）

我是一名应届毕业生，来自湖北武汉，农村生活铸就了我淳朴、诚实、善良的性格，培养了我不怕困难挫折、不服输的奋斗精神。我深知学习机会来之不易，在校期间非常重视计算机基础知识的学习，取得了良好的成绩。

我能熟练地应用各种机床操作系统，通过了劳动部“模具设计师”高级级认证。在学习专业知识的同时，还十分重视培养自己的动手实践能力，利用暑假获得了长江融达企业给予的宝贵的实习机会，了解了各式机床的操作，以及简单数控机床的编程及操作。

我冒昧地向贵企业毛遂自荐，给我一个机会，给您一个选择，我相信您是正确的。祝贵企业蓬勃发展，您的事业蒸蒸日上!

此致

敬礼

以上是我最真诚的求职面试自我介绍，谢谢各位老师!

自我介绍（3）

本人经过三年多扎实的工作实践，现已能够独立操作整个外贸流程，工作踏实、细致、认真。具有较好的文字组织能力，有一定的英语听说读写能力，能都熟练操作windows平台上的各类应用软件，动手能力较强。

本人具有较强的责任心和工作主动性，较好的组织协调能力和应变能力，可以和各个部门的同事相处融洽，配合顺利地完成工作任务。为人诚实并得到领导的认可。曾去广州、上海等地参加国际性展会，有翻译和外贸经验及出国参展经验。本人性格开朗，善于沟通，谦虚，自信。虽然新的工作和环境与以往的有所不同，但我相信通过自己的努力和已有的工作基础可以很快胜任，对此我很有信心!

自我介绍（4）

在大学期间，我始终以提高自身的综合素质为目标，以自我的全面发展为努力方向，树立正确的人生观、价值观和世界观。为适应社会发展的需求，我认真学习各种专业知识，发挥自己的特长;挖掘自身的潜力，结合每年的暑期社会实践机会，从而逐步提高了自己的学习能力和分析处理问题的能力以及一定的协调组织和管理能力。

“学而知不足”是我大学期间学习和工作的动力，学习之余，我还不忘坚持参加各种体育活动与社交活动。在思想行为方面，我作风优良、待人诚恳，能较好地处理人际关系，处事冷静稳健，能合理地统筹安排生活中的事务。

作为一名2011年通信工程专业的大学应届毕业生，我所拥有的是年轻和知识。

年轻也许意味着欠缺经验，但是年轻也意味着热情和活力，我自信能凭自己的能力和学识在毕业以后的工作和生活中克服各种困难，不断实现自我的人生价值和追求的目标。

第四章

4

第一份工作，坦然面对

只顾耕耘不问收获，是做第一份工作时最重要的心态。第一份工作不管是就业得来的，还是择业得来的，都不重要，重要的是它对你以后职业的选择和职业的成功，一定会有很重要的关联。了解自己，发现自己的独特优势，尽早确定自己的职业生涯目标，慎重对待人生的第一份工作。

第一节　调整心态，慎重对待

职场点睛

一份工作不一定是你终生的事业，但它可以给你受用终生的职场所需的内在品质，而这些比你具备过人技术更有用。如果你不认真对待第一份工作，你可能永远是职场中的新人。

一份心理学调查显示：“如果一个人对某份工作满意，他能发挥其全部才能的80%～90%，并且能长时间保持高效率而不疲倦；相反，如果他对工作不满意，则只能发挥全部才能的20%～30%，还容易产生厌倦。”可见，对第一份工作的主观评价，决定了你能否将它做好，更关系到今后的职业发展。

一般来说，下面的三种情况是职场新人遇到最多的，大家应该根据自己的实际情况灵活对待。

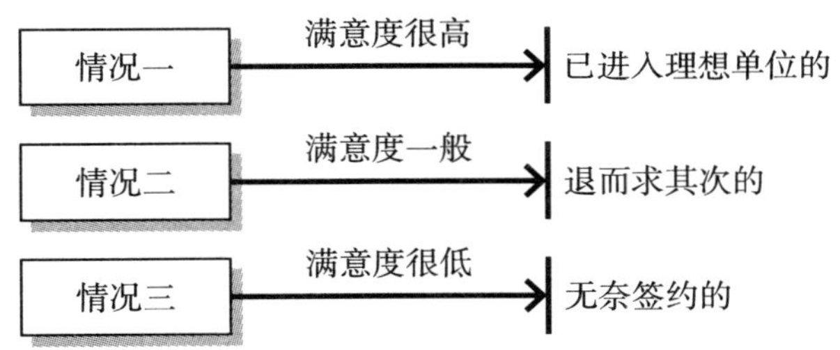

职场新人遇到最多的情况

情况01：满意度很高，已进入理想单位的

去年毕业的泰勒目前在一家媒体工作，其在大四时已进入该媒体实习，经过几个月的实习，本身就对媒体工作感兴趣又肯吃苦的泰勒，还没毕业，就有了工资。

转眼间，泰勒已经在媒体干了一年多，从一开始的三四千到如今的六七千，泰勒在工资逐步上升的同时，也成为了得力干将。有很多人都建议泰勒，以其如此优秀的表现，为何不到更好的平台发展。

不过，说到对于目前这份工作的感受，泰勒认为，自己从高中时就对新闻媒体感兴趣，当初实习也是找准了媒体而来，这份工作对于他而言不仅工资可以养活自己，还是自己的兴趣所在，这也是他坚守第一份工作的主要原因。

像泰勒这样的人往往满怀憧憬，表现欲强，工作热情高涨。在积极心态的推动下，能化挑战为动力，较出色地完成任务。

著名主持人王小丫回顾自己的第一份工作时深有感触地说：“找到第一份工作时，千万不要寄予过高的期望，但是要学会坚持。这么多年的工作经历，我的切身感受是，如果你拥有一份工作，真的很好；如果你拥有一份工作，而且还很喜欢，那你已经很幸运了；如果你拥有一份工作，它又能让你生存，而且又是你所喜欢的，那你已经很幸福了。”

但在一头扎入工作的同时，请放慢节奏，做好下面三项功课。

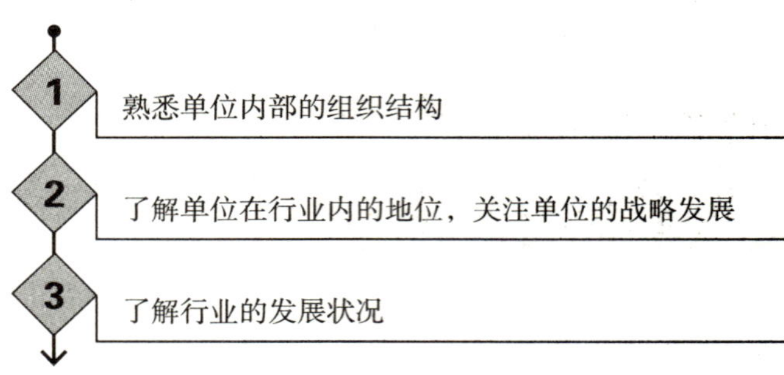

了解单位的情况

1．熟悉单位内部的组织结构

熟悉单位内部的组织结构，包括有哪些部门，各个部门的职能、运作方式如何，自己所在部门在单位中的功能和地位，所在部门内同事的头衔和级别，单位的晋升机制等。只有对整体框架有了概念，你才能初步明确自己在单位的发展前景，不至于只顾埋头工作而忽略了发展方向；才能将被动地接受调动、工作委派和晋升，变成主动地争取和计划。

2．了解单位在行业内的地位，关注单位的战略发展

了解单位在行业内的地位，关注单位的战略发展，比如是否属于行业内的领跑者，是不是面临内忧外患、业绩正在下滑等情况。这样，你就能知道单位在行业内有哪些发展机会，自己能和单位一起走多远，你的3～5年计划也就有了较清晰的雏形。

3．了解行业的发展状况

你需要对行业进行宏观分析：该行业是朝阳产业，还是夕阳行业。这样你就能知道几年后自己积累的工作经验，对职业发展有什么帮助。如果转入相关行业，还需要补充哪些技能；或者自己可对哪些领域进行研究、谋求发展。你还可以在工作中不断关注行业评论，听取前辈们的观点，渐渐地深化认识。

这三项功课做好了，工作起来才能有的放矢，更有计划性和目的性。如果进入单位半年之后还是懵懵懂懂，工作状态就会呈一条明显的“抛物线”：从积极主动到热情消失，满意度下滑，最后只能糊混直至跳槽。

情况02：满意度一般，退而求其次的

托宾是个大学生，学的专业是园林规划与设计。毕业时，听说跑业务、做销售能锻炼人，就在深圳找了份销售工作。待遇：不包吃住，基本工资加奖金，算下来每个月扣完五险一金，剩3800元左右，现在工作与生活基本稳定。

但托宾通过一年多的工作，发现自己并不喜欢这份工作，可为了生活，又不敢贸然辞职，因为出来了一年多了，本来专业就半桶水，现在基本都还给老师了。

托宾该怎么办？是坚持做销售，还是跳槽做设计呢？

销售确实能锻炼人的，不过，职业选择还是要尽可能的适合自己。像托宾这样的职场新人大有人在，虽然怀抱美好愿望，但是最终还是迫于社会和生活的压力，进入一个比上不足比下有余的公司。因为心存不甘，所以在进入公司初期，看到的缺点往往比优点多，从而形成懈怠、消极的心态。在这样的心态作用下，新人容易将工作仅仅看成谋生的工具，因此更多地关注报酬、待遇，上班只做好分内事、不主动加班，工作缺乏成就感等。工作一段时间后，如果薪酬没有达到期望值，或者人际关系出现困难，都会产生盲目跳槽的念头。

遇到这种情况，作为职场新人，需要从以下两点把握好自己。

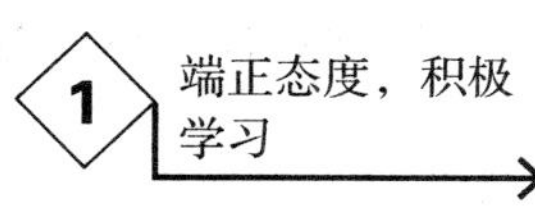

麻雀虽小，五脏俱全，尽管单位在规模、盈利、薪酬等各方面都不算最好，但相对如一张白纸的职场新人来说，还是有足够的东西可以学习的。比如工作技能、规章制度、管理、培训，以及对职场礼仪、办公室政治等职场潜规则的学习与积累等，都是以后用得着的职场生存重要基础

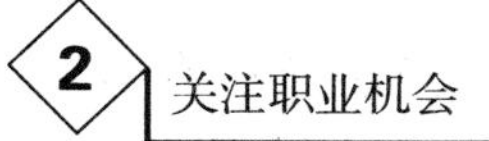

在做好本职工作、积累职场经验的同时，你还可以积极为下一份工作早做准备。比如了解心仪职业的有关定义和应该具备的职业技能、核心竞争力等，然后再利用空余时间积极提升自我，这样，你或许第一局没大赢，但第二局必然不难大赢

在职场把握自己的两种情况

情况03：满意度很低，无奈签约的

这类人心存不满，工作毫无生气、懈怠而且被动，甚至出工不出力，或者频繁跳槽。

遇到这种情况，作为职场新人，更要调整好心态，积极应对人生的第一份工作。

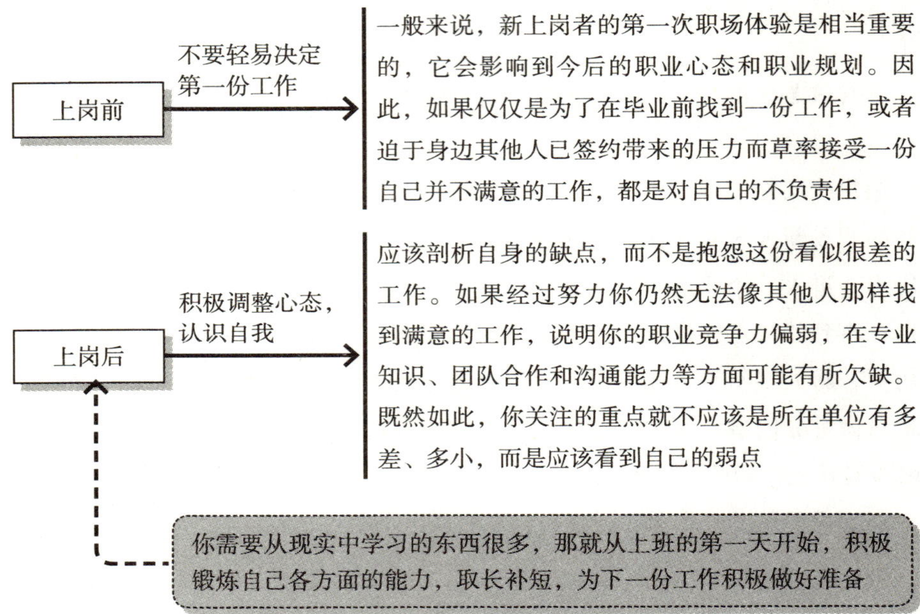

调整好心态的两种情况

职场播报

请善待你的第一份工作

如何看待和把握职业理想与第一份工作，职场专家为“新人”们提出了建议。专家指出，无论是理想中的工作也好，还是屈就现实也罢，理想与现实有差距是普遍规律。当然，在选择第一份工作的时候要提早做好职业规划，免得走错路、走弯路。但是，这有时还得看求职者自身的能力和机遇。

专家分析说，不管第一份工作成功与否，都将是人生的一段宝贵经历。当自己在第一份工作上遭受挫折和打击时，不用羡慕别人，因为自己的职场只能靠自己经营；如果懵懵懂懂地踏入了第一份工作，没有摸清未来的方向所在，那就接受眼前的状况吧。只要永远保持希望，认真地、用心地完成好自己目前的任务，不断学习，追求自我完善，最后总是能找到自己的职业出路的。

同时专家还建议，无论第一份工作是否如自己所愿，都应当善待你的第一份工作，“既选之则安之”。过快地否定并且打退堂鼓不是上策，不如挖掘它的可取之处，比如工作方法、人际交往、处世经验等，或许经过一段时间的总结，你会发现，自己的另一片视野被打开，而它比曾经的理想更适合你。

对于职场新人而言，第一份工作的种种不如意并不能代表你就是职场里失败的人，更不可因此对职场产生厌倦或是逃离的心态。要在理想与现实之间寻找平衡点，并从第一份工作中提炼出受用一生的职场之道。要知道，从第一份工作做起，你的“职场理想”只不过刚刚开始而已。

第二节　既要心情，也要“薪”情

职场点睛

不要在乎第一份工作给你的薪水高低、职务官衔，因为第一份工作给你的是一种积累和职业素养的养成。

宝洁公司前副总曾撰文告诫年轻人，如果你只通过薪水的高低来衡量自己的事业，从长期看，你将蒙受巨大的损失。如果你关注比丰厚薪水更重要的事——你的目标、热爱你的工作、你为之工作的公司、你工作的勤奋程度、你的态度、对业务产生的影响、走出去拓展人脉网络的机会、股权、绩效工资，胜过关注你的工资，从长期看，你就能做得更好，特别是在财务上。

第一份工作应当能帮助自己继续学习。那些可以提供良好的培训环境，不把员工当作赚钱机器的公司，以及那些拥有好的老板，或拥有值得学习的企业文化的公司是寻找第一份工作时的首选。这个工作可以让自己在5年后有最好的发展机会：找一个可以学到很多新东西的职位，找一个可以教你很多东西的老板，找一个在5年后有发展潜力的公司，这比表面上的“薪资”多少重要得多。

十几年前，中专毕业的蒂拉碰到就业季的寒冬，在学历和资历上都没有优势的她在求职的道路上屡屡碰壁。后来在一家杂志社招聘记者编辑时，她主动找上门，向杂志社的社长毛遂自荐。但以她当时的条件，显然无法满足记者编辑的招聘要求。

可她丝毫没有放弃，积极向社长提议：“哪怕零工资帮大家处理杂务也行。”当时正值杂志社全面启动发行工作，社长被她的诚恳态度打动，同意了她的请求。于是蒂拉不仅帮大家端茶倒水、糊信封跑邮局，还积极出外发行杂志。蒂拉回忆，那时她常常阴雨天比晴天还忙碌，因为每次阴雨天，别人看这么小的她还那么辛苦奔波，征订工作就特别顺利，业绩也是晴天的2倍之多。

所以，哪怕下暴雨，她也照样出行，由于车多路滑，她不知道摔过多少次跟头，但她最怕的不是自己摔得疼不疼，而是订单是否被损坏，因为它们就是自己的衣食父母，少了一张订单，就意味着少了一家客户。功夫不负有心人，待发行工作结束，小小年纪的她发行量竟是全杂志社第一名。

没过三个月，社长就决定录用她，而且开始给她发工资和奖金了。虽然当年蒂拉没能如愿做一名正式的记者和编辑，但如今她的梦想已经成为现实，她的文章被大量媒体转载，曾经许多她所仰慕的人成了她的采访对象。

蒂拉感叹，第一份工带给她的财富是无穷的，从第一份工她悟出，命运一定眷顾懂得争取机遇和珍惜机遇的人。第一份工作更多的是一个学习、积累的过程。这个阶段主要就是积累，这也是每个人的“第一桶金”。

当然，如果你觉得自己的付出远远大于获得，自己的能力有了不错的提高可以胜任更多的工作时，你也可以向你的老板提出加薪。掌握以下四个技巧，也能让你的“薪情”大改观。

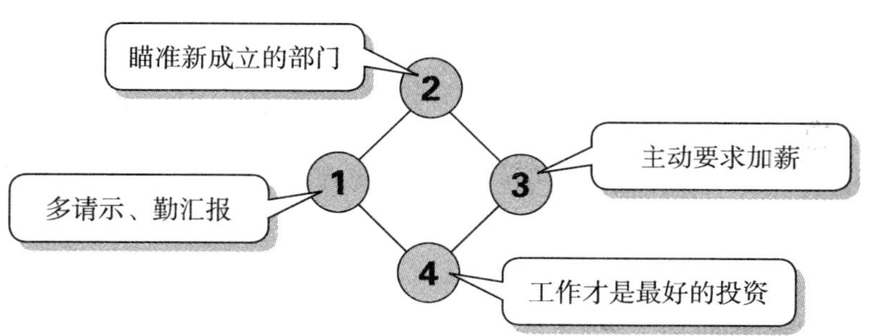

提出加薪的四个技巧

技巧01：多请示、勤汇报

毕业于某名牌理工大学的汤米学习刻苦，为人老实。因为父母从小教育他“言多必失”“人在做、天在看”，所以汤米养成了喜欢一个人钻研问题、不愿意跟人说话的性格。大四寒假，汤米来到一家国企实习。在陌生的环境里，他的话更是少到不能再少。每天早早地去上班，晚上自觉加班到夜里，全身心投入工作。主管说什么，他立即去执行，同事们分配的任务，他二话不说就去做。

然而，寒假实习结束，汤米并没能留下。人力资源处负责人告诉他，虽然他的工作态度得到主管的认可，但主管认为他想法太少、缺乏团队精神，做了什么事情连主管都不清楚，更不用说团队的其他成员了。

汤米觉得自己很冤。但职场就是职场，它的游戏规则是：既要埋头干，也要抬头看。因为经营或管理的成功与失败，对老板的影响远远大于普通员工，因此他希望对员工的一举一动都能了然于胸，随时掌握，以尽可能降低风险。于是便要求下属随时请示汇报工作，以便及时调整。所以员工要理解老板的苦衷。

多请示才有活干。很多工作需要上级决定后，下级才能行动。因此下级必须多请示，得到领导首肯后才能大干特干，否则结果会适得其反。勤汇报才能让老板知道你干了些啥，工资没有白给。领导那么忙，不可能整天盯着每个下属每天干了些什么。但他们最讨厌的就是工作安排下去后就销声匿迹、得不到任何反馈。总之，争取加薪的第一个筹码就是让老板知道你每天在干什么。

技巧02：瞄准新成立的部门

大专毕业的特西托关系进入一家国企，以派遣工的身份干些复印、跑腿的打杂工作。工资虽不高，但也不辛苦。刚开始还挺惬意，但久而久之，他觉得这样混下去不是办法，但又舍不得离开单位。有一天他帮同事复印文件时，无意中听说单位因污水处理不达标被环保部门罚了一大笔钱，集团领导正筹划建立一个污水处理车间。于是特西主动找到上司，表示自己想去污水处理车间锻炼，工资涨不涨没关系。领导爽快地答应了。经过一年的锻炼，特西成为一名污水处理技术员，才能和工作热情也得到同事们的认可。

不久，特西又听到一条消息，说总公司准备去孟加拉建设新厂，正在考虑外派人选。上进的特西立即跑到总公司询问此事，得到的答案是肯定的，而领导正在为外派人员的事头疼。因为大家都知道孟加拉的工作环境差。但特西心里清楚，如果自己想转正，技术员的身份帮不上太大忙，因为总公司有的是比他专业的技术员，但有驻外经历就大不一样了。

就这样，特西来到孟加拉，参与筹备建设新厂。那里的工作条件比他想象的还差一大截，一切都是白手起家。没过多久，一些老员工因为忍受不了艰苦离开了。结果他这个基层工作人员被提拔成副厂长，负责招聘工人和技术培训。此时特西的薪水自然翻了数倍，再加上数额可观的外派津贴以及当地较低的消费水平，三年之后当他被调回总公司时，已经攒够了一套房子的首付款。

新成立的部门往往大家都不愿意去，但加入新成立的部门或新的团队，就可以找到相对公平的环境，减少论资排辈的阻力，得到快速的锻炼和发展。职级上去了，薪资待遇自然水涨船高。

技巧03：主动要求加薪

即使做到上述两点也很少会让你自动加薪。没错，很多员工想当然地认为：领导一定知道，加薪是激励员工最有效的办法。但事实是，领导可能并不这样想。他脑海中时刻萦绕的问题是：如何才能节省人力成本、把每一分钱都花到刀刃上?因此与老板谈论薪酬的核心筹码是：你的价值究竟有多大?

也许你害怕主动要求加薪会给老板留下坏印象，甚至失去工作。其实，如果你是个有价值的员工，老板更怕失去你。在信息时代，人力资本越来越值钱。聪明的老板不会主动为你加薪，然而一旦你提出，他一定会认真考虑。

技巧04：工作才是最好的投资

薪水，虽说是考量工作的一个重要标准，但却不是唯一参考。给你高薪又能怎样，如果没有发展空间，看不到晋升前景，对你的职业生涯一样没有益处。对于初出茅庐的新人来说，工作不单单是为了赚钱，更重要的是要让自己积累经验。刚开始工资低点也没啥，把技能学到手，把经验学到手，才是最实在的。

因此，第一份工作不要太计较薪资，要将眼光放远，抱着学习的心态，才会有更光明的未来。重要的是，当你拥有了正确的工作观，继而在职场中发现别人的优点加以学习，观察别人的缺点予以警惕，第一份工作会让你受用无穷。

第三节　既选之则安之，不要轻易辞职

职场点睛

第一份工作是职场新鲜人的入职体验，重要的是在其中得到更多的发展机会，为下一步的职业转换做最充足的准备。

对于职场新人来说，要认识到在第一份工作中最重要的不是谋求高薪、高职，而是有最好的学习机会，如熟悉职场人际关系、了解职业知识、了解职业环境等。既然选择了这份工作，就要做好它，不要轻易就跳槽。

来自北京某著名师范大学中文系的Tonya，大四上学期就积极实习，进入一家民营企业做市场数据支持工作，月薪2500元。等到毕业时，在很多同学四处投简历，为面试马不停蹄赶场的时候，她已经优哉游哉地坐在母校对面的高级写字楼里，过上了开心的白领生活。每年毕业聚会，都少不了要面对闺蜜和同窗的指点——“Tonya，都多久了？还拿着实习工资差不多的2500元月薪？你别那么死脑筋嘛，跟他谈谈。”“Tonya，你跟我走吧，在京城的教育培训圈里，只要你想去，我都可以给你做推荐，别的不敢说，月薪2万还是很轻松的。”“你说你是不是太忠心了？就因为打工期间得到了那老板的垂青，你就要这样出卖自己并不廉价的劳动力？我们都替你不值。”……

可是，这个小丫头就是那样气定神闲，无论谁也游说不了她离开第一个东家。她继续过着每天7点半起床，8点早餐，8点半出门，步行15分钟到公司，中午回租来的温馨小窝午睡40分钟，下班步行回家，楼下买菜做饭，晚上看电影、看书、打球、约会的幸福生活。周末她的微博，不是在郊游的路上拍美景，就是公司团体野战CS的精彩图片展，再不就是与男友亲密秀恩爱。

4年后，Tonya的同学收到了她的新名片——她居然不声不响跳到了500强前20名的一家大公司！收入翻了三倍不止。面对大家的瞠目结舌，她居然云淡风轻地莞尔一笑：“没把握好机会，本来可以去另外一家，收入高出一截不说，还有许多跨国出差的机会，这回我要好好练口语。”而同时她给大家带来的，还有结婚请帖。

Tonya的确是一个幸运儿，第一份工作持续了3年以上，在赢得了专注于一个专业方向的同时，也顺利完成了人生的一大功课，成家立业同时完成，非常完美。然而，并非每一位初入职场的新人，都有这么好的“命”。

据调查显示，40%的毕业生选择盲目择业，46%的毕业生第一份工作与专业不吻合；87%职场人的第一份工作因一时不满冲动离职，还有73%的职场人表示，如果时光可以倒回，会选择脚踏实地工作，不断学习专业技能，积累相关工作经验，为以后职业发展打好基础。

可见，作为职场新人，我们应该吸取前辈的经验，坚持自己的第一份工作，不要轻言放弃。第一份工作，对于我们日后的发展有着重要的意义。

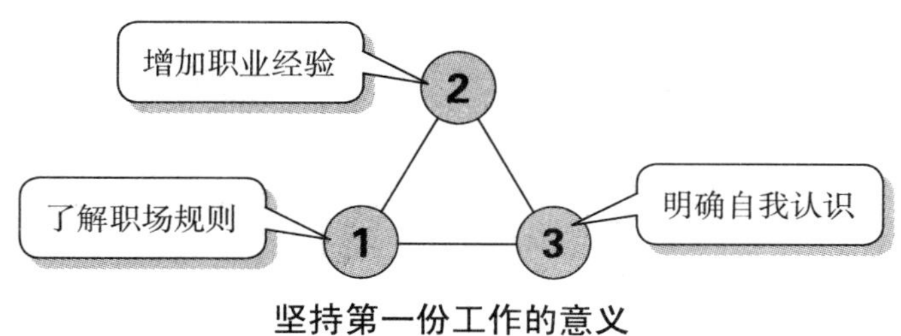

坚持第一份工作的意义

意义01：了解职场规则

通过第一份工作，了解职场上各种显规则和潜规则，学习处理办公室人际关系的技巧，如何赞美同事，如何向领导汇报工作，如何与女同事、讨厌的同事相处，了解职场加薪规则。总之，你不行的，你不懂的社会规则，你都会在第一份工作中学到，这也是制约你日后职业发展的重要因素，是你一辈子都要学习的。学的目的不是让自己变得更奸诈，而是可以让自己更自由的在职场里发展，你才不会因此而被伤害，你才可以按照自己的本性与愿望去发展和行事。

意义02：增加职业经验

在第一份工作中学习、增长职业知识，提升职业能力，发展职业技能，培养职业道德，树立职业榜样等发展的因素。了解职场规则只是为了更好地适应职场，不被伤害，而增加职业经验却是提升发展自己的必修课，没有这些硬件你没有什么大发展的，是不会攀登到职场顶峰享受到高峰体验的。所以，要想有发展，还得靠实力。你要在第一份工作中学习处理工作的方式方法，汇报工作的技巧，如何适应工作方式和企业文化，如何向优秀的同事学习，如何向业内一流的人物看齐，如何最大化地提升自己的工作能力，如何收集整理分析职业信息等等，这些才是让你取得成功的关键因素，无论你的第一份工作是否是你喜欢的，你都要有意识地要求自己去学习这些，毕竟，成长是自己的事。

意义03：明确自我认识

在第一份工作你要有意识的发现自己、分析自己、总结自己。为什么要明确自己呢？因为是你在做工作，工作本身会影响你的发挥和发展，会制约你

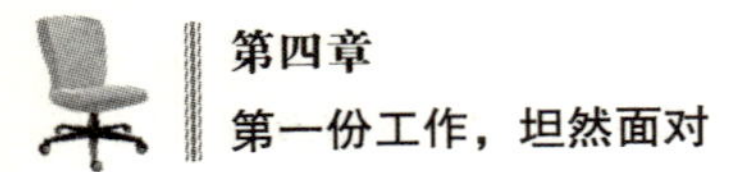

是否喜欢；而另一个因素，就是发现你自身喜欢什么工作，适合做什么工作，可以做什么工作。工作上的任何不喜欢，首先都是你主观上的不喜欢。所以，我们要在第一份工作中，最大化地分析自己的性格，发现自己的兴趣，明确自己的价值观，澄清自己的理想……当你可以最大化地了解自己时，你就会发现适合自己发展的职业方向，有了方向你就达到你所希望的职业目标，最终你就找到属于自己的工作世界，而在这个世界中你会拥有最大的快乐和最大的满足感与成就感，但这些统统都要归因于你找到了自己：你知道了你是谁？你要成为谁？

当然，脱离缘于成长，成长就要突破。当你觉得自己能满足以下条件之一，就可以脱离第一份工作，而去寻找下一份工作了。

1 当你发现不是自己所喜欢所适合的方向时

2 当你发现不是自己所适合的方向时，并找到自己有可能适合的方向时

3 你没有发现适合自己的方向，但已掌握了必备的能力

脱离第一份工作的三个条件

1. 当你发现不是自己所喜欢所适合的方向时

方向不对头，汗水全白流。因为第一份工作就是为了找方向，如果能找到，那你在岗位上持续地做；如果你没有找到，那你就在总结经验后再去寻找方向。这样做的机会成本最小，不会在不适合的工作上空耗时间，浪费精力。

Jim做了一个月的销售，发现自己根本就不适合做这行，所以到一个月后Jim果断地辞职了，而去尝试了一份课程顾问的工作。

2. 当你发现不是自己所适合的方向时，并找到自己有可能适合的方向时

第一份工作你已经发现彻底不是你所适合的方向，当你在第一份工作中总

结发现了自己可能适合方向时，你就应该去尝试下一个工作了。

Tom在做了两个月的经理助理后，发现自己不适合与人打交道，对创意、策划却很有想法，所以，辞职后，Tom就应聘到了广告公司做文案，Tom希望从文案做起，逐步做创意工作。

3. 你没有发现适合自己的方向，但已掌握了必备的能力

虽然没有发现自己可能适合的工作方向，但你把第一份工作中的能力、知识等因素都完全掌握时。当你把第一份工作做到位后，你会学到第一份工作的许多工作，虽然你可以胜任这份工作，但这不是你喜欢的工作，所以，你也要尽早脱离。

Teresa做了4个月的售楼员，得了三次销售冠军，从中她学到了与人沟通、电话销售等许多知识，但Teresa知道做售楼员不是她的兴趣，所以，她在学到很多东西后就辞去了工作。

仔细衡量自己的情况，给自己一个阶段性的总结，并在分析后给自己一个明确的执行期限。判定走的时机是需要一番分析的，但最重要的是，当你要决定走时千万不要犹犹豫豫，这样的不果断会增大你的机会成本。

总之，第一份工作是新人职场试水的第一个动作，在第一份工作中得到的收获或者影响会至少伴随日后3年的工作，所以对职场、职业的第一印象尤其重要。那么，无论你的第一份工作是否是你喜欢的工作，你都要尽量从中学些好的、积极的东西，最重要是保持着对职业、职场的积极心态，有了积极心态和你的积极努力，相信你会在职场上取得节节高的收获。

职场播报

辞去第一份工作后，如何寻找下一份工作

如果第一份工作对你来说是个失利，那么，同样的错误在寻找第二份

工作时就不要再犯了。总的来说，在辞去第一份工作寻找第二份工作时，你要注意以下因素：

1. 所学与所做，专业与工作的连续性

自己在大学里所学的专业就是一笔知识投资，知识投资失败的余地很小，只要我们可以变换着用，所学的专业一定会对工作有帮助的。保持专业与工作的连续性会给自己带来更大的发展，无论你的专业是不是你所喜欢的，你都可以用你专业的思维、方法和术语等来支持现在所做的工作。如你学的是广告学，但你做的却是记者，那你广告学中的市场细分，广告诉求、广告创意等知识方法不都是可以帮助你的工作吗？利用所学帮助所做，主要是有利用的思维意识和横向的思维方式，知识都是通的，名不同但理同，就看你怎么发散思维了。

2. 所做与所乐，工作与兴趣的趋同性

在第一份工作中你会在一定程度上发现自己的兴趣是什么，再加上你自己的总结，你会有个大致的兴趣倾向，这时，你在找第二份工作时，一定要结合你所总结的这份兴趣，虽然你的总结可能不准，但这的确是你在实际检验中所发现的，你不要抛弃你先前的经验，否则你的先前的努力不是白费了吗？你要尽量找和你所总结的兴趣趋同的工作，这样，你才会在第二份工作中有快乐而言，才会有进一步接近自己所适合发展方向的可能。如你在第一份工作发现自己对与人打交道感兴趣，那你找工作的范围就不应该有财务分析、化验员、统计员等非与人打交道的工作，而是在销售、服务、公关、管理等领域寻求发展。

3. 所做与所能，能力对工作的胜任性

在第一份工作中你一定发现自己对什么工作顺手，你能做什么工作，你最擅长做什么工作，这些你都是可以胜任的方面，是你的能力所在，所以，在找第二份工作时一定要考虑这个因素。如果你的所能是你找的第二份工作的能力因素，那你就会很快胜任这份工作，并得到更好的发展，否则就会发生你找到的第二份工作虽然是你喜欢的，但你却做不了，不是有自知之明辞职，就是老板把你裁掉。如你在第一份工作中发现你的协调能力很强，那你在找第二份工作时就要找要求协调能力很强的工作：客服，调度，管理等方面的工作。

4. 所做与所愿，工作与理想的一致性

经过了第一份工作的洗礼，你会有自己的想法和期望，想做什么工作的期望已经会占据你的心头。所以，这时要考虑的是，你要找的第二份工作可以对你的目标有多大的支持。在找第二份工作时你要明确的是你找的工作并不仅仅是安身立命的一个饭碗，而是实现你人生理想、职业目标的一个步骤，所以，你要站在理想的高度去审视你的第二份工作。如你的职业目标是成为人力资源总监，那就的第二份工作就要是与人力资源相关的工作，如招聘专员、培训专员等人力资源系统内的工作，而不是做着与其不相干的销售或者技术工作。

第五章

5

第一份工作，练就好态度

无论做什么事情，在什么岗位，有什么样的远大理想，态度决定将要达到的高度。工作态度第一，能力第二；工作态度决定一切，工作态度评价就是一切的评价；工作可以平凡，工作态度不能平庸。

第一节　第一份工作，学会了认真负责

职场点睛

对待工作，是充满责任感，尽自己最大的努力去完成任务，还是敷衍了事，这一点正是事业成功者和事业失败者的分水岭。

第一份工作对于每个人来说都至关重要，因为它是职场生涯的起点。在第一份工作中，我们难免会遇到各种各样的困难，工作环境或许也跟我们想象的相差甚远。但是作为职场新人，一定要放平心态，认真对待。万丈高楼平地起，只有积累了足够的能量，你才会有质的飞跃。

Anne的第一份工作是在一家外贸公司。进这家公司的时候，恰巧赶上招聘她的领导临时出差，只说让她先来上班，其他的等他回来再说。就这样，最开始Anne没有具体的工作。

因为是第一份工作，Anne对职场还有些陌生，每天来到办公室，她只能不停地翻看那几本员工手册和公司规定。看到其他同事都忙来忙去，她有些发慌。就这样过了一个星期，领导还没有回来，也没有对她做具体安排，只说让她先给办公室其他同事打打下手，帮他们做一些力所能及的事情。

于是，Anne开始为办公室的同事们打印资料、送文件，每天都早早来到公司，把办公室打扫得干干净净，又为同事们准备开水，基本上就是在为办公室的同事们服务。在参加工作前，Anne对第一份工作也有过憧憬，曾幻想着在办公室跟同事们讨论业务问题，在会议室的周例会上陈述自己对公司内部管理的看法，又或者出差跟客户谈单，享受签订合同的喜悦。然而，她做的工作跟她的憧憬有很大的落差。面对这样的情况，她有些灰心，但是她时刻提醒自己，初入职场的我没有经验，要获得别人的认可就需要付出更多的努力。

就这样，她继续做着打杂的工作，逐渐跟同事们熟络起来。又过了一个星期，领导终于回来了，在跟同事交接完工作后，把她叫到了办公室。

“办公室的同事们都说你很不错，我决定提前给你办理转正手续。”

听到领导的话，Anne十分高兴，没想到这些天来的努力得到了同事们的认可。这也让她相信，无论做的是什么工作，都要认真对待，才能获得回报。

那时候，公司的薪资待遇不是很高，但是她心里充满了美好的憧憬。白天在公司，她认真工作。晚上回家后，她会看一些市场营销类的书籍，充实自己。她坚信未来一定会很好。

有一次，她照例去送一份公司的订单。她有个习惯，每次送资料前，都会认真地看一遍。虽然没有人要求她这么做，但她一直把这看成是一个学习的机会。看完后，她发现订单上有一个严重的错误，于是马上向主管领导提了出来。主管领导审核后，惊出了一身冷汗，这个错误如果不纠正，将会使公司损失一大笔资金。主管领导对她的做法提出了表扬，也逐渐对她重视起来。

几年后，Anne当上了部门主管。每当有新人入职，她总会语重心长地对他们说：在职场上，作为新职员，刚开始做什么并不重要，重要的是要以认真的态度对待自己的工作，悉心工作，把第一份工作当作事业来做，这样才能在职场的道路上走得更稳、更远。

职场上对自己的工作认真负责就是作为一个员工、作为人的底线。每一个单位需要的就是这种对工作认真负责、兢兢业业的员工。踏实做事，让领导看到你的努力，你就一定是领导器重的人。

大学毕业后，马可应聘进入了一家广告公司。

马可充满了上进心和积极的工作热情，进广告公司的时候，他对自己严格要求，工作上精益求精，业绩尤为突出，比其他同事有着更好更高的发展前途。在自己的职业生涯中，他渴望自己能够早日实现成为一个广告名人的远大理想。公司领导也都十分欣赏他的这种志向，他们认为马可虽然刚刚参加工作，还需要锻炼，但他聪明上进，志向远大，成长空间大，不失为是一个可塑之材。

这个公司对刚进公司的人员有着自己的一套培养计划。他们要求新手必须一切从自己身边的小事做起，从最低的工作岗位做起，任何事情都要循序渐进地进行。而马可想，如此一来自己何时才能有实现梦想的那一天。于是，他就开始在下边直接进行高端设计，然后通过各种渠道来投递自己的作品，希望能够一鸣惊人，一步升天。可很长时间过去了，一切都石沉大海，杳无音信，但公司并没有因此而责罚他影响公司的正常工作，依然给了他很大的支持，并让权威人士给他做全面指导，让他离自己的理想也越来越近。马可自己也十分努力，经常加班。但是，对于那些似乎是任何一个人都能胜任的任务来说，马可却依然是不顾领导的良苦用心，丝毫不把它放在眼里。对接到的任务，紧赶慢赶就草草了事，继续去做自己所谓的大事。

经过了一段时间的熟悉，公司开始正式给员工分配任务，马可接到的任务是给客户搞一个简单的封面设计，让客户对自己公司的水平有一个初步了解。但是，马可去做的时候却懵了，因为不懂技术，他做了近两个小时还没有完成，这时客户却突然提前来了。领导一看马可还在摸索，就十分气愤地叫了一位有经验的设计师来替代他。设计师三下两下就把封面设计做了出来交到了领导手里。在设计师工作的时候，马可本来应该认认真真地跟着学习，但他却迫不及待地跑回自己的办公室做起了自己的事情。此后，在工作中，马可犯的错误越来越多，有些错误甚至到了让人啼笑皆非的地步，但这些错误却给公司造成了不好的影响，也造成了一定程度上的损失。马可此时也开始离自己的“大事”越来越远。

最后，马可不得不遗憾地离开公司，到了另一个广告公司。这家公司没有名气，条件和待遇也低了很多。因为自己以前的经历，马可在这样一个没有名气的公司，心中充满了自负，锋芒毕露。有一次，老板要与客户商谈一个很重要的合作事项，要求马可认真地整理出一份最有水平的文件。而老板也正是准备趁此机会磨钝马可的锋芒，更灭灭他的锐气。他根据马可的品性，故意设计了几处容易出错的地方，把给马可的材料打乱，让马可重新整理。果然，马可整理出来后也不检查就交给老板，老板让他仔细核对之后再给自己。马可草草地又检查了三遍后打印出来递给了老板。老板大发雷霆，原来自己把公司的某项数据后多加了一个数字，而且还有几处地方明显出现了文字错误，要是把这份材料交给客户，公司就要受到巨大的损失。在事实面前，马可老实了，自己无论如何也不能失去这份工作了。于是他主动而诚恳地给老板道了歉，并虚心地承认了错误。老板见他态度很好，也就不再说什么，只让他回去再好好把文件核对一下。马可再也不敢怠慢，马上接过文件走了出去。

通过这么多的教训，马可知道脚踏实地、认真工作才是关键。马可决定要从此振作起来，借助自己的实力去一步一步实现自己的梦想。他喜爱自己的工作，一定要对工作负责，相信自己定然会开辟出属于自己的一片崭新的天地。

没有踏实的脚步，就留不下深深的脚印。蜻蜓点水式的工作态度，注定无缘于成功的阶梯。而人本以诚信立身，没有的诚信，也就丧失了立身之本，也就要让自己最终来承受遭人唾弃的恶果。初入职场之时，马可大事做不好，小事又不屑于去做，没有耐心与毅力，更是失去了为人的诚信，推脱了自己本应承担的责任，最终导致自己与成功背道而驰。

工作是一个施展自己才能的舞台。我们寒窗苦读来的知识，我们的应变力，我们的决断力，我们的适应力，我们的协调能力等等，都将在这样的一个舞台上得到展示。我们每个人都需要工作，用工作体现自身价值，在工作中创造自身价值。

只有认真对待工作中的每一个环节、每一个步骤，工作才能更加出色、才能趋于完美。在工作中坚持以一种认真的心态去工作，工作就会变得积极主动。我们也应该懂得，成功没有捷径，只要我们比别人多做一点，工作认真一点，用心诚恳一点，成功的可能就会离我们更近一点。

作为职场新人，该如何认真负责地对待自己的工作呢?

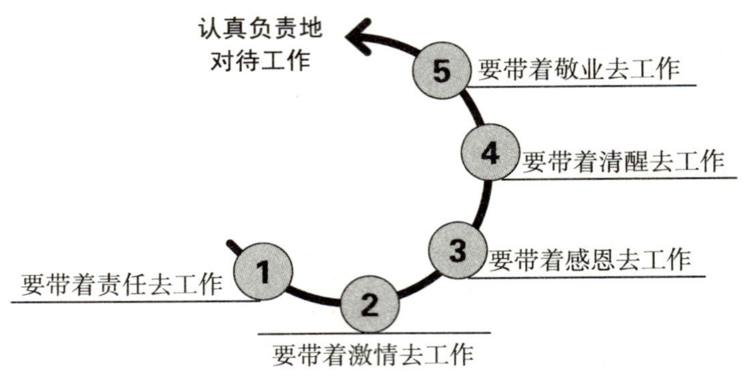

认真负责地对待工作

认真01：要带着责任去工作

责任感是一个人的思想素质、精神境界、职业道德的综合反映。责任感虽然无形无状、难触难摸，但是力量巨大，影响深远。一个人有责任感，就有积极主动的态度、深入扎实的作风、认真负责的精神；就有不甘落后的志气、百折不挠的勇气和奋力开拓的锐气；就有信心、有决心、有恒心；就可以出思路、出办法、出成绩。

就大多数人的工作而言，绝大部分是平凡、具体、琐碎的，看似简单和容易，而把简单的事情年复一年地都做好，就是不简单；把容易的事一件一件地落实好，就是不容易。这就需要责任感，有责任感的人受人尊重、招人欣赏、让人放心。

认真02：要带着激情去工作

激情是吹动船帆的风，没有风，船就不能行驶；激情是工作的动力，没有动力，工作就难以有起色。如同灵感可以催生不朽的艺术，激情能够创造不凡的业绩。如果缺乏激情，疲沓懒散，很可能一事无成。因此，我们在日常工作中虽然感到很辛苦，但是有辛苦就会有收获，特别是一个人能够在自己有限的人生中，有好的环境和条件，做一点具体的事情，同时自己也相应地得到提高，也许这不是辛苦而是幸运了。

再说，如果大家都能同心同德、尽心尽力，把工作开展得有板有眼、有声有色，让人有目共睹，有口皆碑，从这一角度看，也许又不仅仅是幸运，而是一种幸福了。

认真03：要带着感恩去工作

每个人保持正确的心态至关重要。正如一位哲人所说，心态决定一切。它能够左右一个人的思想、影响一个人的行为，甚至决定一个人的命运。心态正确就会宁静而安祥，感到生活温暖；就会迸发出干劲和活力，感到工作愉悦。如果心态不好，就会在顺利时自以为是、傲气十足、得意忘形，在逆境时怨天尤人、牢骚满腹、烦躁不安；就会既笑别人不如已，又怕别人比己好，斤斤计较，患得患失；甚至会为了牟取一己之利而不择手段，这样势必害事业、害组织，最终也会害了自己。因此，职场新人要不断学会以感激的心态对待工作、对待他人、对待组织。

生活就像一面镜子，你对它笑，它也会对你笑。只要你用感恩的态度对待别人，别人就能给你关心和帮助、给你支持和鼓励、给你提醒和教导，让你感受到真诚、感受到友谊、感受到温暖，使你感动、使你感激、使你增添精神支撑。

认真04：要带着清醒去工作

只有始终保持头脑清醒的人，才能不断取得成绩、获得成功，才能顺利成长、日臻成熟。一个人肯干事是态度、想干事是热情、会干事是能力、干成事才是本事，这种本事靠上级封不出来、靠权力压不出来、靠自己吹不出来，只有靠实实在在做人、认认真真做事，才能逐步得到提高。

有许多人对于工作常常缺乏更深入的认识和理解，认为自己是在为了薪水工作，没有认真对待工作，也没有全身心投入，缺乏积极主动性和创新意识，在他们看来，只要把自己的工作任务完成了就行了，而没有保证质量，以这种思想应对工作是极端错误的。

认真05：要带着敬业去工作

在激烈的职业竞争下，每个人的竞争力日益上升，那么你的竞争优势在哪里？可以肯定地说，你的优势取决于你对职业的态度、对工作的敬业。如果抱着“我不得已才干这份工作”的想法去工作，那么外在表现绝不会激情四射。既然选择了，就得真诚，就得负责，就得承担起工作给予你的机遇和挑战，这样才能赢得上司和同事的信任，当机遇来临的时候才能脱颖而出。

第二节 第一份工作，学会了担当责任

职场点睛

在责任和借口之间，选择责任还是选择借口，体现了一个人的工作态度。

责任是一种使命，是一种品质，是对自己所负使命的忠诚和守信。一个缺乏责任感的人，或者一个不负责任的人，不仅会失去社会的基本认可，失去别人的信任与尊重，而且在工作中往往一事无成。

人可以不伟大，可以不富有，但不可以没有责任心。坚守一份责任，就是坚守着生命的追求与信念，就是享受着工作的乐趣和生活的幸福。责任产生使命，责任创造卓越，责任成就未来。

有一位叫林梧桐的少年，父亲刚刚去世，他不得不干起他的第一份工作——卖菜籽。那一天，天刚蒙蒙亮，林梧桐就挑着货担出门。身上的货担把肩膀磨破，脚底下也磨起了水泡。到达市场时，已经临近中午，林梧桐随便啃了几口硬梆梆的干粮，便开始了第一天的生意。然而，林梧桐站了整整一天，却没有人来关注这个满脸稚气的瘦弱少年。眼看着太阳西沉，林梧桐却连一颗菜籽也没有卖出去。此时的林梧桐又渴又饿，孤独、委屈一下子涌上心头，他蹲在地上不由自主地失声痛哭起来。

当晚，筋疲力尽的林梧桐在床上辗转反侧，一种啮啃内心的羞辱和挫折感深深地印在心中。但他不能放弃，放弃就意味着一家人没了生计。第二天天不

亮，林梧桐又起床上路了，这一天，所有菜籽都卖光了。共卖了四元八角。这是林梧桐独立赚得的第一笔钱。

更重要的，他学会了担当一种责任，有了担当，就不会轻易放弃。形成一种坚韧，这种坚韧，使他从为衣食奔波的穷小子成为名震亚洲、享誉世界的“游乐赌王”，他就是林梧桐。他笑称，是一份责任让他不敢不前进。

工作没有了责任感，它只是一项任务，不会激励你争取成功。当你意识到它是一种责任的时候，你才会担当，才会不成功决不放弃。林梧桐能最后成功，就是在于他初入社会而在心里担负起家里的责任，渐渐地这份责任变成对下属对社会的担当。

职场上很多人都会有这样的思考：你在为谁工作？而答案通常是两种：一种认为是在为公司工作，另一种认为是在为自己工作。很多时候，努力工作，不止为了公司，更是在为自己的未来。

有个小伙子来一家公司应聘，经过交谈，老板觉得他不适合这份工作，因此，老板很客气地和他道别。那人从椅子上站起来时，手指不小心被椅子上跳出来的钉子划了一下，接着顺手拿起老板桌子上的镇纸石，把跳出来的钉子砸了进去，然后离开。就在这一刻，老板改变了主意，留下了这个来应聘的人。事后这位老板说：“我知道在业务上他也许未必胜过他人，但他的责任心令我欣赏，把公司交给这样的人我会很放心。”

当负责成为一种自然而然的习惯时，它将成为你人生的一笔意想不到的财富。敢于承担责任的人将被赋予更大的责任和使命，因为，只有这样的人才真正值得信任，才能真正担当起时代发展赋予他的责任。

承担工作任务并对其负责，将责任付诸实践，即是担当的过程。在面对责任时，我们必须要有敢于承担责任的态度，勇于担当的信心和勇气，才能在各种角色中负起责任，才能更多、更大、更好地担当。

凯文和程强大学一毕业，同时应聘到一家速递公司，被分为工作搭档，他们工作一直都很认真努力，老板对他们很满意，然而一件事却改变了两个人的命运。一次，凯文和程强负责把一件大宗邮件送到码头。这个邮件很贵重，是一个古董，老板反复叮嘱他们要小心。到了码头，凯文把邮件递给程强的时候，程强却没接住，邮包掉在了地上，古董碎了。

老板对他俩进行了严厉的批评。“老板，这不是我的错，是凯文不小心弄坏的。”程强趁着凯文不注意，偷偷来到老板办公室对老板说。老板平静地说：“谢谢你，程强，我知道了。”随后，老板把凯文叫到了办公室。“凯文，到底怎么回事？”凯文就把事情的原委告诉了老板，最后凯文说：“这件事情是我们的失职，我愿意承担责任。”

凯文和程强一直等待处理的结果。老板把凯文和程强叫到了办公室，对他俩说：“其实，古董的主人已经看见了你俩在递接古董时的动作，他跟我说了他看见的事实。还有，我也看到了问题出现后你们两个人的反应。我决定，凯文，留下继续工作，用你赚的钱来偿还客户。程强，明天你不用来工作了。”

在工作中，我们要采取积极主动的态度对待每一件事，而不是消极被动地接受任务，并且用“解决问题，对结果负责”的态度来工作。只有时刻将责任感和担当牢记心中，我们的工作才更有效率、更容易成功。不为失败找借口，只为成功寻方法，我们不但对工作过程负责，也要对结果负责，而决不为过错表现寻找借口。负责任的人，愿意接受别人的考验和审查，喜欢承担以结果为导向的任务，并乐于承担责任，才能一步步走向成功。

很多新人都期待自己进入大企业工作，的确，经过一个商业、文化背景都非常厚重的企业的熏陶和历练，意味着你的实践能力的提高，对跨文化沟通环境的了解、对先进工作模式和管理模式的了解等都会比在中小企业里更充分。

可是，不是每个人都有机会进入一流的大企业，其实，无论进入大企业还是中小企业，如何培养出责任感和胜任基础岗位的能力才是最关键的。

当一个人有了责任感，会把小事情当成大事业来认真对待，积累一段时间就会发现自己有能力处理各种各样的事情，并能总结出多种方法，这样你的基础能力就得到了锻炼。在机会到来的时候，才能够更容易把握，“机会总是留给有准备的人”，这里所说的“有准备”就是在你强烈的责任感下所锻炼出来的基础能力。

比如说，某位新人在一个中小企业里工作，积蓄能量希望能到大企业里做一位管理者，这就要求他必须具备一个管理者应该具备的能力，即便是只有几个人的团队，也要责无旁贷地把它带好，只有能带好几个人才能带好一个大公司。

在工作中，责任心是每个员工必不可少的，无论其职位高低，能力大小。我们每一个人都要做好自己的本职工作，对工作一丝不苟、认认真真、兢兢业业。没有责任心或责任心不强的人，即使他的能力极其出众，也不会将其用在工作中，不会尽心尽责地发挥，人浮于事，便很难出色地完成工作。

责任心，是每一个身职场人的第一素质。那么，我们该如何在工作中培养自己的责任心呢？

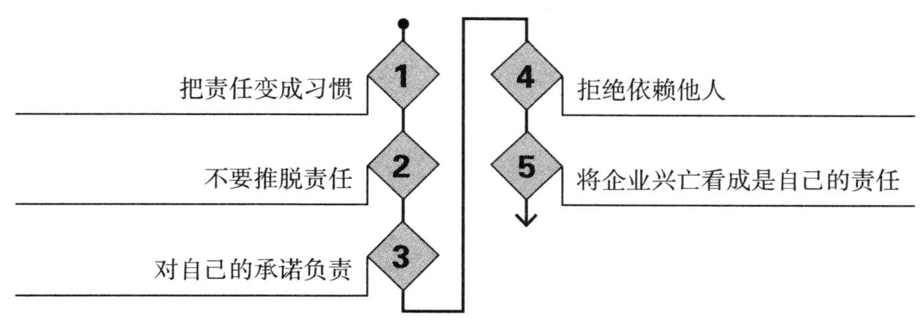

培养责任心的要点

培养01：把责任变成习惯

俗话说，习惯成自然，当你把责任变成一种习惯时，做事认真负责也就逐渐融入到你的生活中，而不需要他人监督才刻意去做。当一个人主动工作时，他就不会感觉到麻烦与劳累。实际上，在学校教育中，我们都接受过有关责任感的训练，比如按时完成老师布置的作业，遵守学校规章制度等。在工作中，我们同样也要发扬光大。

培养02：不要推脱责任

为自己开脱是我们最原始、最基本的防卫机制。我们似乎很容易就学会了为自己推脱责任。“不是我干的！”“别指责我！这不是我的错！”……当你在如此努力地为自己开脱的同时，是否也想到了自己的责任。勇敢承担责任的人才能最终赢得别人的尊敬和信任。

培养03：对自己的承诺负责

在日常工作中，我们会很草率地给别人一个承诺，而承诺过后，却发现要实现这个诺言需要很大的勇气，存在很大的困难。于是有些人就选择了违背自己的诺言，或干脆置之不理，这将会使自己的可信度大打折扣。

其实这样做是不对的，做人应当言而有信，亲口答应别人的事情、许下的诺言都要尽全力去履行，即使有些事自己不情愿，但也必须这样做，因为这样做既是对别人负责，也是对自己负责。

培养04：拒绝依赖他人

有些人习惯在工作中依赖别人，本来应该自己做好的事却处处抱怨他人。比如销售业绩差怪产品不好；和同事关系不融洽怪同事不热情；没找到好工作怪朋友不给帮忙……

事实上，所有的抱怨对我们都是有百害而无一利的。我们应该认真查找自己的问题，这样才能够逐步培养我们的责任感。

培养05：将企业兴亡看成是自己的责任

对员工而言，只有企业发展了，员工个人才能才会有更大的发展空间。只有企业赢利了，员工的收入才能得到相应的提高。相反，如果企业不能够发展和赢利，员工的一切利益都无从谈起。换言之，企业的成功不仅仅意味着企业管理者的成功，更意味着每位员工的成功。

企业的命运其实就是员工的命运。很多员工总是认为自己在为企业工作，企业为自己发薪水，这是理所当然、天经地义的事。至于企业如何发展则与自己无关。抱有这种观念的员工没有意识到企业的命运与自己的命运有着千丝万缕的联系，企业的发展不仅有利于企业或管理者，同时也有利于自己的发展。

第三节　第一份工作，学会了积极主动

职场点睛

主动性是工作的灵魂，没有它，你只是公司的浮萍。

公司里总有一些人经常闲着无事可干，领导走过去询问原因，他就说："您安排的事情做完了，没事啦。"这样的人每个公司都存在，他们认为，做完老板安排的事情就很不错了。然而，在企业里，虽然听命行事相当重要，但是个人主动进取的精神更重要。

在新经济时代，昔日那种"听命行事"的员工已经失去竞争优势了，今天欣赏的是那种不必老板交代，就自动自发去工作的人。

闻名世界的美国钢铁大王卡耐基说："有两种人注定一事无成，一种是除非别人要他去做，否则绝不会主动做事的人；另外一种人则是即使别人要他做，他也做不好事情的人。那些不需要别人催促，就会主动去做应该做的事，而且不会半途而废的人必定成功，这种人懂得要求自己多努力一点多付出一点，而且比别人预期的还要多。"

著名职业经理人卫哲刚进入职场时，曾有一段佳话。1992年，当卫哲还在上海外国语大学就读的时候，他曾到万国证券勤工俭学。他翻译的一份年报得到了万国总裁管金生的肯定，管金生表示一定要见见这个年轻人。就是这次见面，让卫哲成为了"中国证券之父"管金生的秘书。

与一般秘书不同的是，卫哲工作时非常主动积极，想老板之所想，急老板之所急。刚开始管金生只是让卫哲翻译年报，剪剪报纸，这些事情对于一般人来说是小事，但是卫哲却把它当成大事，做足了工夫。卫哲十分留心在那么多的剪报中哪些是老板看过的，然后进行引导。这些事情，老板没有要求他这么做。到后来，管金生不看剪报中午就吃不下饭。

作为秘书，卫哲要做给老板端茶倒水这样的小事，他也琢磨出很多技巧。比如开会时，什么时候去倒茶水，才不会打断老板讲话的激情；什么时候光倒水不加茶叶，什么时候该带着茶叶进去；老板有抽烟的习惯，什么时候打火机里的油没了该换个打火机，卫哲都把握得很有分寸。

经过一段时间的观察，管金生认识到，如果再让卫哲做复印、倒水、剪报等事情，就是屈才。于是，24岁的卫哲出任上海万国证券公司资产管理总部的副总经理，成为当时国内证券界最年轻的副总。

千万不要认为只要准时上下班、不迟到、不早退就是尽职尽责了，就可以心安理得地去领工资了。工作需要的是一种积极主动的精神，积极主动工作的员工，将获得工作所给予的更多奖赏。

微软企业文化的一个精髓是员工要自己找事做。每一个员工都要充分发挥自己的主动性，既要有很强的责任感，同时也要有激情。简单地说，微软的工作方式就是“给你一个抽象的任务，要你具体地完成”。对于这一点，微软中国研发中心的桌面应用部经理毛永刚深有体会。1997年他刚被招进微软时负责做word，当时他只有一个大概的了解，没有人告诉他该怎么做，该用什么工具。他和美国总部沟通，得到的答复是一切都要靠自己去做。这样，员工才能发挥最大的主动性，设计出最令人满意的产品。最后，毛永刚通过自己的努力，出色地完成了公司交给他的任务。

然而，现实生活中，又有多少人在自己的工作岗位上积极主动呢？其实，“工作”是一个包含诸如智慧、热情、信仰、想象和创造力的词汇。没有人会告诉你需要做的事，这都要靠你主动思考。在积极主动工作的背后，需要你付出比别人多得多的智慧、热情、责任。当你清楚地了解了企业的发展规划和你的工作职责，你就能预知该做些什么，然后马上行动，不需要老板吩咐。

应该明白，那些每天早出晚归的人不一定是认真工作的人，那些每天忙忙碌碌的人不一定是出色地完成了工作的人，那些每天按时打卡、准时上下班的人不一定是尽职尽责的人。对他们来说，工作仅仅是一种简单的交易，对每一家企业和每一个老板而言，他们需要的绝不是那种仅仅循规蹈矩，却缺乏热情和责任感，不能够积极主动、自动自发工作的员工。

当你明白这样的道理以后，请主动去做你要做的事情吧！不要等你的老板和上司来安排你的工作，自己的生命自己做主，当你全力以赴地做好你的工作的时候，你将得到最高的回报。

那么职场新人，该如何积极主动地工作呢？

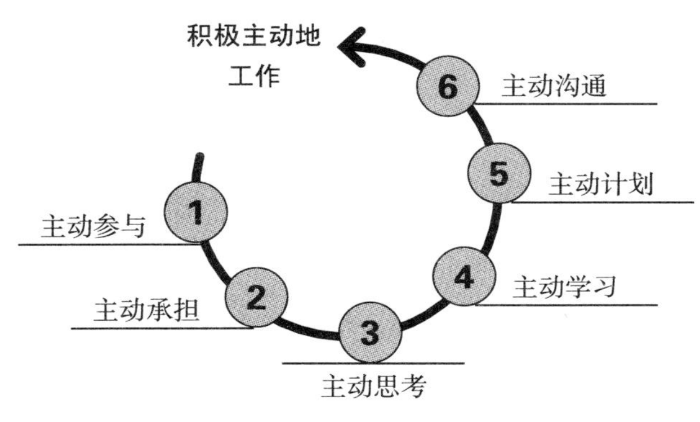

积极主动地工作

积极01：主动参与

在行动上，首先是主动参与，积极地寻找自己介入的机会，主动出击。别人在不知道你能干什么、会干什么、干得好不好的前提下，是不会主动将工作安排给你干的，谁知道你会不会将工作搞砸？所以这时候你不主动参与，就失去了介入的机会，或许成功就这样与你擦肩而过。

而主动了，别人无论是碍于面子或者是抱着试一试的心理，自然会将任务交给你。于是，别人乐意与你参与，你就可以获得表演的舞台。因为主动的人是自信的人。即使你参与了，你的意见没能让别人采纳，你的专业未能让别人折服，起码你知道了自己的不足在哪里，知道自己该往哪个方向提高，从而为下次腾飞积累经验。

在工作项目进行中，哪怕你参与了，专业不足，能力不够，插不上嘴，但你起码知道别人是如何执行这个项目的，看操作这个项目的高手是如何过招的。这就是站在巨人的身旁，让自己更快地成长。

积极02：主动承担

主动承担，主动提出自己可以承担该项目的某一部分工作。这些工作是自己力所能及的，不是打肿脸充胖子，经验是在实践中积累的。别人能把工作交给你，也是对你的信任，也会看着你操作，甚至还会手把手地教你，是不会让你把工作搞砸的，所以就放心地干吧。

积极03：主动思考

我们积极主动地工作，不仅仅是为了学会一项劳动技能，更多的是学会一种劳动方法，吸收一种工作的思维模式。在工作中善于总结，才善于进步，才有从搬砖到画图纸的飞跃，才有自己能力的蝶变。

积极04：主动学习

熟知自己的岗位职责，并要学“新”学“旧”。“新”指新知识——是学习与工作有关的岗位业务知识、方法和技能；“旧”指以前的经验和技能——是前辈所做工作的积累，如业务部有资料汇编，行政部门有一些经验总结，学好这些对工作会有所启发。

积极05：主动计划

凡事预则立，每天列一下工作清单。同时对每件事、每项工作，甚至每次例会都制订较详细的计划。在问清楚要求的基础上，做好方案或计划，向自己的领导汇报，领导会给予一定的修改意见，按领导修改的去实施；实施后如有好的和不足的都要找机会向领导反馈一下。

积极06：主动沟通

要做什么事、怎么做，刚开始工作时可以多问问有经验的同事，可以问问领导，也可以找同行探讨。工作进行中，可以与领导和同事在沟通中了解情况；工作完成后，要主动向领导汇报，以听取领导的意见。

职场播报

如何提高工作主动性

一般说来，工作主动性分为四个层次。第一个层次是：不用别人告诉你，便能积极出色地完成自己的各项工作；第二个层次是：领导安排任务后，才去做领导安排的工作，自己职责范围内的工作，领导不安排就不知道去做；第三个层次是：在领导安排任务后，经多次督促，迫于形势才去做；第四个层次是：领导安排任务后，告诉他怎么做，并且盯着他才去做。

显而易见，公司所希望的主动工作便是主动性的第一个层次，即不论领导是否安排，都能积极主动并出色地完成自己的工作；但是，在日常工作中，我们为什么常出现被领导认为是“缺乏主动性”的情况呢?遇到这种情况，如何解决呢？主要有以下原因：

1. 自己的意见和领导不一致，又很少和领导及时沟通

自己和领导的意见不一致是很正常的事，这说明你和领导的想法有分歧，这就需要及时和领导沟通，多请示，早汇报，和领导的意见达成一致。不然，自作主张肯定得不到领导认可，又耽误工作进程。

2. 借口太多，觉得自己完成不了领导安排的工作

自己制定的工作标准低，又不认为自己的标准低，没完成任务的理由太多，对每一件工作，领导的要求往往比较高，我们自己有时标准低一点也正常，问题是，当领导提出高标准时，我们要按领导的要求积极努力想办法完成，千万别认为领导要求太离谱，太苛刻，不可能完成；或认为：我反正就这水平，要么另请高明。领导的要求高，对我们来说，既是一个锻炼学习的机会，又是一次自我挑战和升华。

3. 领导没给标准和时间，思想上松懈

领导之所以没给出任务完成的标准和时间，要么时间紧忘记了，要么还没考虑成熟。但这不等于领导没有标准和时间意识，从而可以拖延办理。要记住，领导没给标准和时间，你自己要有标准和时间，并把你的理解向领导汇报，千万不能思想松懈。任何工作，能及时完成的尽量及早完成。

4. 工作中牵涉到别人的配合，而别人配合不力，又不去催促，怕得罪人

我们的大多数工作都需要别人配合，要么是同事，要么是商业合作伙伴。如果别人配合不力怎么办？就要恳求、督促对方加以配合，但是要注意语气，不能一副居高临下的样子，否则，只能适得其反，欲速则不达。

5. 领导安排的工作自己认为“不在我的职责范围内”而消极怠工

要知道，领导为什么把不是你职责范围的事交给你做，说明领导相信你的能力，也可能对你进行考验。每一家公司，每一个领导都欣赏愿意勇挑重担、不讨价还价的员工。领导把不是你职责范围的事交给你做，是领导对你的重视和考验，从表面看是实现了公司的近期利益，实则有利于你自己的长远利益。

第四节　第一份工作，学会了坚持积累

职场点睛

机会总是垂青那些有所准备、曾经做过准备并时刻准备着的人。

成功在哪里？成功需要坚持与积累。成功不是一句话的事，它需要你寻找一个适合自己的目标，一步一步地走，并且为之坚持奋斗。

许多求职者，特别是一些高校毕业生，常常为初次求职谋取什么岗位煞费苦心。就是上岗了，不少人仍然不能尽心工作，总是怀疑自己的选择是否正确。

随着职场竞争的日益激烈，想要第一份工作就很如意是很难的。但你千万不能因此而心猿意马，朝三暮四。从事第一份工作，没有任何经验借鉴，也不应有过多的挑剔。这时，你需要的是踏踏实实地工作，多学技能，为自己的职

业生涯做好积累。

第一份工作很能锻炼一个人的能力和毅力，即使真的不适合你，认真干下去，对你今后的求职也是大有益处的。有不少成功人士，当他们在从事第一份工作时，其聪明才智几乎不受任何外界干扰，超常发挥，结果，他们在第一岗位上就获得了成功，从而为日后从事更高层次的工作奠定了坚实的基础。

台湾著名的电视制作人陈光陆，在电视圈足足呆了18年，他25岁时就当上制作人，打破了电视界的惯例。

然而，当他第一次到电视台工作时，担任的不过是一个很小的节目助理。在当时那个环境，助理的职务等于是小伙计，所有的杂务必须一手包办，几乎是没日没夜地工作，但薪水却很低。

陈光陆曾经想到跳槽，但事实说明，外面的好工作也不好找，还不如先认真地干下去，看能否等到机会。苦撑了两年之后，机会终于让他等到了。他联系上名歌星邓丽君，想制作一个节目。凭着邓丽君在海峡两岸的知名度，这个节目的企划案立刻得到电视台的首肯。

但是，由于当时的陈光陆年轻又没有知名度，电视台里有人怀疑他的能力，曾一度反对他担任制作人。

结果，陈光陆的处女作《君在前哨》推出后，造成极大的轰动，他也因此被提名角逐金钟奖。

用心去观察那些成功的人，你会发现他们几乎都有一个共同的特征：不论聪明才智的高低，也不论从事哪一种行业、担任何种职务，他们都始终保持积极进取的态度，认识自己的价值，瞄准目标，将事业进行到底。

很多人并不知道，今天坐在《新闻联播》直播台上、受亿万观众瞩目的欧阳夏丹，当年做的第一份工，竟是装订档案。

那是1999年，作为北京广播学院播音系的优秀毕业生，欧阳夏丹被分配到上海电视台新闻频道。意气风发的她，满心想着可以拿起心爱的话筒，一展才华。

可那时新闻频道每个岗位都有了主持人，台里安排她先到行政办公室帮忙，工作内容是装订档案。

每天早上八点钟，她准时上班，打开抽屉，一页一页地检查员工档案，看看有没有写错或者遗漏信息，发现了就动手改正或填补。

剪刀、尺子、修正液，那段日子，欧阳夏丹整天和这三样为伍。

3个月过去了，同事们都喜欢上了这个身背双肩包、扎着两根小辫子、笑起来声音很响的姑娘。

可下班回到宿舍，躺在床上，爱笑的姑娘却笑不出来。焦虑一点点吞噬耐心：这样的日子，什么时候是头啊?

和她同时进入电视台的同学，已经陆续有了属于自己的栏目，干得风生水起，而自己还整天干着不相干的事，能不急吗?

可以诉说苦闷的，只有远在桂林当医生的妈妈。读高二那年，爸爸因病去世后，妈妈撑起了家。

电话那头，妈妈语重心长：谁规定年轻人刚进单位就一定要被安排到对口的岗位上？挑大梁的想法没错，但要看机会。没准儿领导就是在考验你，看你愿不愿意干小事，能不能先把小事干好，看看你是不是一个眼高手低的孩子。

妈妈的话，让她心里见了亮。

“小事做好才能成大事。”开开心心上班，把订档案这活儿干利索，有机会就实地去观摩前辈们怎么主持。这样一想，“冷板凳”倒坐得热乎起来。

不久，电视台策划一场华人新秀歌手大赛，决定女主持人启用“新面孔”。有人和导演提议：台里分进来个扎辫子的小姑娘，整天乐呵呵的，看着蛮有灵气，可以找她试试。

导演找到订档案的夏丹，聊后，当场定下她来主持。

彩排时，当化好妆、穿上晚礼服的夏丹走到导演面前时，导演急了：“谁把我定的人给换了？！”

“上妆”后的欧阳夏丹不仅在外表上变了个人，专业素养上的出彩发挥更令在场的同行和观众惊艳。

晚会顺利播出以后，新闻频道的领导对她说：准备准备，上节目吧。

成功需要我们数十年如一日的积累，执着的信念，坚持不懈的努力，最终可以帮助有心人滴水穿石。

任何看似简单的成功背后都必然有长期艰苦的准备和积累。欧阳夏丹的成功和她懂得为成功做准备是分不开的。一个人要想争取主动，在竞争中立于不败之地，在人生路上取得非凡的成功，就必须深谋远虑、厚积薄发，随时准备迎接各种挑战和考验，随时准备捕捉各种机会。

很多人只看到成功人士功成名就时的辉煌，却往往忽略了他们在此之前付出的艰苦卓绝的努力。世上没有一蹴而就的成功，他们都是用实际行动为自己的人生积累，靠不懈的坚持、长期的准备才获取成功。

马克·吐温曾说："每一个人的一生中，幸运女神都来敲过门。可是许多人竟然跑到邻居家没有听见。"上天给了我们每个人机会，只不过它隐藏在各种挑战和挫折中，能否发现、把握住它，在于我们是否用心去寻找、去准备，充实自己。

如果平时能够多花一点时间学习成长，比别人多付出一点努力提升自己，不断地开发自己的潜力，为成功做准备，当机会来临时，你也能成为幸运的人，也能与成功相拥。

那么，在平时的工作中，我们需要为成功做哪些积累呢？

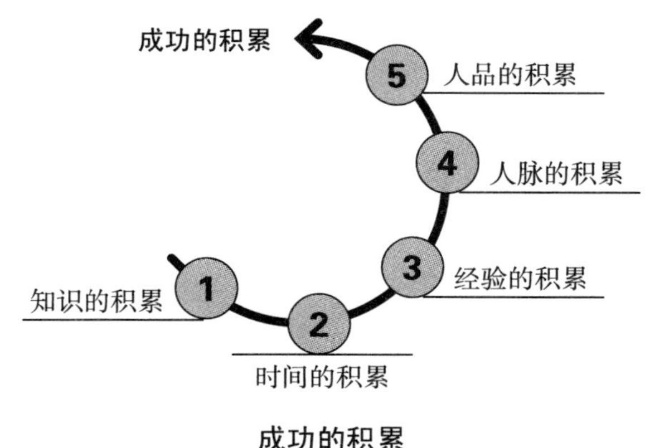

成功的积累

积累01：知识的积累

一个人想在某一个领域里取得成功，就一定要在这个领域里知道的比别人多，悟到的比别人多，做的比别人多。

人人渴望成功，人人渴望富有，可有谁知道怎么才能成功？怎么才能富有？如果想成功却不知道怎么能成功，那他如何能成功？如果想富有却不知道怎么能富有，那他如何能富有？因此从不知道怎么能成功，到知道怎么能成功，那就是个突破！

这个过程就是学习的过程，通过学习使自己真正明白怎样来规划人生，如何设定目标、选对方向，脚踏实地做出周详的计划。然后充分利用好时间，接下来就是持续地、不断地行动。

而要想真正坚持到成功，那还需要从知道提升到悟道。因为单纯的知道怎么能成功是没有用的，知道了不去规划、知道了不去设定目标、知道了不去做时间管理、知道了不去行动、知道了不去坚持，这样的人多的是。所以单纯的知道是没有用的，而从知道到悟道那就是个飞跃，当一个人对事物、人性、生命悟出的越多时，他做事情的正确率、准确率、成功率就越大，这个“悟”则需要渊博的知识做底蕴，丰富的经验做基础了。从悟道到实现那就是升华，那就是成功了。

积累02：时间的积累

上帝给了每个人一天都是24小时，可有的人用这24小时就成功了、富有了，可有的却失败了、贫穷了，为什么？其实就是有的人用这些时间做跟自己目标有关系的事情，而有的人没有去做罢了.

美裔华人丁肇中说：“在我认识的80年代的科学家、物理学家、诺贝尔奖获得者中，在学校里前几名的一个也没有，倒数几名的倒是有，他们只是找到一个领域然后全身心投入进去，若干年后成就自然涌现出来了。”

可以说，所有成功的人，都是充分利用时间来完善自己目标的人。可又有多少人，一生忙忙碌碌，却从来没有停下来静静地思考一下，自己这一生到底应该怎么去活一回？到底要成为什么样的人？多少人临终前又把贫穷的接力棒交给自己最亲、最爱的下一代？到底是可悲、可怜、还是可恨？

如果想成功而不知道怎么才能成功那也罢了，如果自己知道了如何能成功，可却不去做，那就没有资格、没有理由、没有权力去抱怨命运不济！

对未来没有规划，过一天算一天，整天浑浑噩噩。一年两年，到头来，你只能生活在社会的最低层。每天充满抱怨，抱怨社会不公，抱怨自己命运多舛。殊不知，这都是自己造成的。

积累03：经验的积累

除了人的本能外，人无论做什么事情没有一次就可以做好的。爱迪生发明灯泡用了10000次才成功，有人问他："你失败了9999次？"他说："我找到9999种不能做成灯泡的材料。"

三味臭豆腐的老板吴利忠尽管在以前的多次生意中遭受失败，但他积累了做生意的经验。这个经验奠定了他的成功。

任何行业的成功都离不开经验，经验的积累就是能力的提升，能力产生自信，有信心就敢于行动，没有信心就一动不动。

如果有了充足的自信，那他再遇到困难、挫折、挑战时就不会被暂时的失败所击垮。随着时间的推移加上大量的实践，就会积累出丰富而宝贵的经验，当一个人拥有这样的经验时，也就掌控了自己的命运。

积累04：人脉的积累

世界上所有的富人都是靠别人富有的，所以要成功就不能单打独斗，成功由自己开始，成功靠大家帮助。一个人要成功就一定要把自己放在一个健康的团队中去。一般来说，人是环境的产物，什么样的环境造就什么样的人。

李嘉诚14岁时父亲病故，临终前父亲送给他几句话：失意时莫悲哀，得意时莫张扬。莫以恶小而为之，莫以善小而不为。他以塑胶花建立了自己的公司，取名长江。意喻长江不择细流，故能浩荡万里。每当和人做生意时，他总是把大利让给别人，时间久了，他建立了许多生意伙伴，这应该是李嘉诚今天成功的关键所在。人脉就是钱脉。

要想建立良好的人际关系，就得了解人性的需求。人的本性是利己的，人都有被尊重、被认可的需求，因此要想获得人心就得找到别人的需求并满足他。人都非常关注自己，那你就去关注他；人都是利己的，那你就去利他；人都需要被关爱，那你就去关爱他；人都喜欢被赞美，那你就去赞美他；重要的是养成个良好的习惯。一旦养成这样的习惯，你对别人的真诚就不是装出来的，而是从骨子里散发出来的，这样由内而外释放出来的真诚就会感染

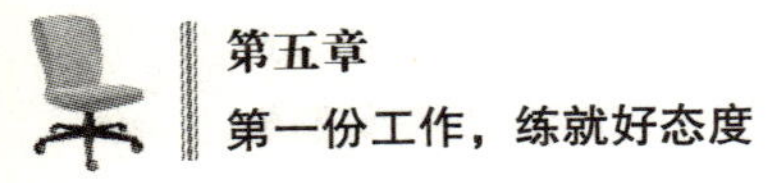

周边的人。

许多人都觉得自己一直在付出却没有回报，其实付出是一定有回报的，但当自己追求回报时，就很难感觉到有回报，在付出的过程中，如果心里想的是为了回报，那这样的付出就会打折扣，就不会尽心尽力、心甘情愿地付出。打了折扣的付出，一定会得到打了折扣的回报。付出等于回报这是宇宙法则。谁能真正理解这句话，谁的人生就一定与众不同。而不求回报的付出则是最高境界。

积累05：人品的积累

有一句名言："当人做正确了，他的世界就正确了！"

一个人能否成功，往往不是他的优势决定的，而是他的劣势限制了他的发展，这就是木桶原理——不是最高的木条决定木桶能装多少水，而是最低的木条限制它装多少水。因此，想成功就要找到自己不足之处，在最短的时间去改正它，完善它。正所谓修身、齐家、治国、平天下。

世界上的财富和影响力是成正比的，而影响力的基础是人格魅力，人格魅力就是修养，它包含的是：

每个人都有追求幸福、快乐的权力，但在你伸开臂膀时，请不要碰到别人，你可以有所追求，但不要侵犯了别人的利益

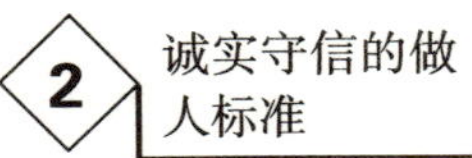

要么别答应，一旦答应了的事情，就一定要兑现，约定了见面的时间就一定要守时，承诺就是不可更改！很多不成功的人就是说了不去做，这对影响力是最具杀伤力了，威望就是从这里衰败的

人人都喜欢跟积极乐观的人相处，没有人愿意和整天牢骚满腹、消极抱怨的人为伍，既然如此，我们首先应该积极乐观，要有阳光的心态，所谓心里有阳光到处都灿烂

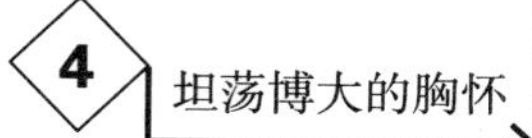

序号	项目	内容
4	坦荡博大的胸怀	人无完人，谁也有优点和缺点，我们应该在接受别人的优点的同时去包容对方的缺点。胸怀是泪水、委屈、冤枉撑大的！所以，要想有坦荡的胸怀就准备去承受吧！一旦你拥有了这样的胸怀，那么所有的忧愁、烦恼、不快都将远离你。因为你承受了别人承受不了的，你就能得到别人得不到的
5	渊博丰富的知识	这是你的底蕴和基石，没有什么可以替代的
6	风趣幽默的谈吐	这是一个高素质的人不可或缺的内涵，要做到五个一：会唱一首歌，会朗诵一首诗，会讲一个笑话，会背一副对联，会讲一个故事
7	无私奉献的精神	世界上最大的自私是付出！慢慢体会这句话吧，什么时候领悟了这句话，并按照这句话去做了，成功的大门就朝你打开了
8	最重要的是要有爱心	这可能是人格魅力的最高境界，爱祖国、爱人类、爱社会、爱家庭、爱每个应该爱的人！人性是利己的，而爱是无私的，人们赞美无私的事，赞美无私的人，因为人人需要爱

人格魅力包含的内容

很多人之所以不成功就是总考虑自己，计算自己的得失，考虑自己的感受。这样的人很多，他们很难成功，要成功就要反其道而行之。

真真正正脚踏实地去做人，认认真真用心去做事情，逐步积累人格魅力，积累影响力，才干可以是天生的，但品格是后天养成的。

第五节　第一份工作，学会了乐观向上

职场点睛

对于职场人士来说，应对挫折的最好办法就是用积极乐观的心态，加上灵活的头脑，避免挫折感的产生。

人们常说：“工作并快乐着”。工作是一种快乐，而不是苦役。用乐观的心态对待工作，你就会发现其中乐趣，就会产生奋斗的力量。工作不仅是为了满足生存的需要，同时也是实现个人价值的需要，一个人总不能无所事事地终老一生，应该试着将自己的爱好与所从事的工作结合起来，无论做什么，都要乐在其中，而且还要真心热爱自己所做的工作。

丽娜和美静是同时进一家公司的两个新员工，她们当时应聘的职位都是财务会计。丽娜性格比较柔弱，有一点多愁善感，在工作中遇到困难时总爱唉声叹气。而美静则性格开朗、乐观大方。

财务工作是比较琐碎和麻烦的，两个新人都算比较耐心、认真，因此，领导对她俩都挺满意。后来公司做年度财务总账的时候，发现遗漏了一些重要的数据，而那些数据因为一些特殊的原因无法再找到原始资料，只能再重新计算。这项任务交到了丽娜和美静的手上。由于那笔账是她们没来公司之前就有的，她们都不清楚当时的具体情况，所以做起来非常困难，需要加班加点来赶工。一到下班时间，丽娜总是抱怨地说：“唉，又要加班了，真不知道什么时候才能干完！”而美静则觉得这次机会刚好是对她的磨炼和考验，顺便还可以长长经验，而那些困难，她乐观地想，只要肯用心，一定可以解决的。于是，即便是加班，她也是满怀自信地投入其中，集中注意力处理那些琐碎繁杂的数据。一周后，美静圆满地完成了这项任务，虽然很疲惫，但是她感觉很值得。而丽娜呢，还剩下一半没处理完，直到最后她还在抱怨这个工作多么多么困难。

结果可想而知，美静受到了领导的表扬，得到了公司的嘉奖，而丽娜则由于消极怠工被公司辞退了。

在你工作时，如果能以精益求精的态度、满腔的热情，充分发挥自己的特长，那么不管做什么样的工作，你都不会觉得辛劳。成功者乐于工作，并且能够将这份喜悦传递他人，使大家不由自主地接近他们，乐于与他们相处或共事。用乐观的心态对待工作，可以体会到其中无穷的乐趣。劳动和工作的过程，是一种享受。

在职场中，总会有一些人把工作看成一种沉重的负担，或者只是把它看成是一种谋生的手段，一旦遇到困难，他们就悲观消极，就会抱怨，就会失去解决问题的勇气，就会想要逃避甚至放弃。

事实上，工作还是一个展现才华、考验智慧的舞台，它是一种责任和使命，也是考验一个人解决问题的能力、应变能力和协调能力的途径。因此，在工作中，无论遇到什么困难，我们都要以乐观向上的态度来对待它，尽可能快地寻求最有效的解决办法。

无论我们从事什么职业，工作的本质不是为了工作而工作，而是一个享受工作、实现价值的过程。以悲观心态来对待工作的人，会觉得职场是黑暗的，工作是漫长而无聊的，甚至痛苦的。而以乐观心态对待工作的人，则会热情专注地投人其中，即便遇到再大困难和阻碍，他们也会积极应对，轻松解决。

两个青年到一家公司求职，经理把第一位求职者叫到办公室，问道："你觉得你原来的公司怎么样？"

求职者面色阴郁地答道："唉，那里糟透了。同事们尔虞我诈，勾心斗角，部门经理粗野蛮横，以势压人，整个公司暮气沉沉，生活在那里令人感到十分压抑，所以我想换个理想的地方。"

"我们这里恐怕不是你理想的乐土。"经理说，于是这个年轻人满面愁容地走了出去。

第二个求职者也被问到这个总是，他答到："我们那儿挺好，同事们待人热情，乐于互助，经理们平易近人，关心下属，整个公司气氛融洽，生活得十分愉快。如果不是想发挥我的特长，我真不想离开那儿。"

“你被录取了。”经理笑吟吟地说。

一味抱怨的悲观者，看到的总是灰暗的一面，即便到春天的花园里，他看到的也只是折断的残枝，墙角的垃圾；而乐观者看到的却是姹紫嫣红的鲜花，飞舞的蝴蝶，自然，他的眼里到处都是春天。

态度就像磁铁，不论我们的思想是正面的抑或是负面的，我们都受到它的牵引。虽然我们无法改变人生，但我们可以改变人生观；我们无法改变环境，但我们可以改变心境；我们无法调整环境来完全适应自己的生活，但我们可以调整态度来适应一切的环境。

一个人，无论何时何地，只要保持一种乐观的心态，就会发现其实这个世界很美丽、很可爱，一个自尊、自爱、自强的人应该是每时每刻都积极进取、朝气蓬勃，而不是天天自怨自艾、怨天尤人的。

在职场中，乐观的心态就像是阳光，可以驱走乌云一般的困难和阻碍。因此，优秀的员工懂得培养自己乐观的心态，为自己注入强大的心理力量。那么，在职场中该如何保持乐观向上的心态、快乐地工作呢？

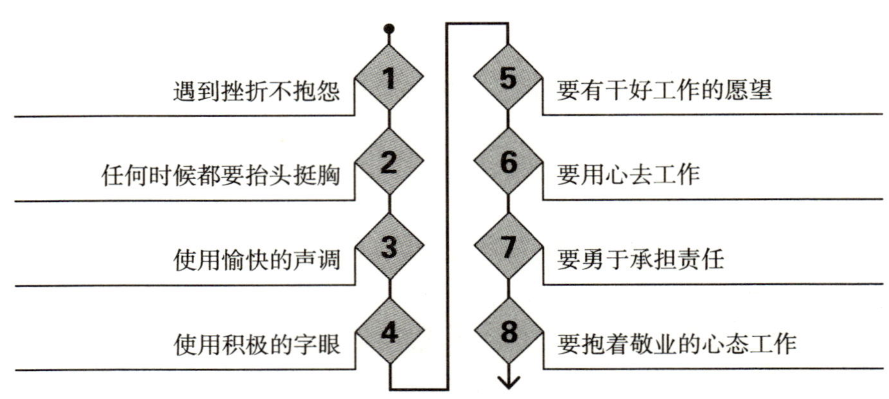

乐观地面对工作

乐观01：遇到挫折不抱怨

挫折是每个人都会遇到的，选择抱怨的话，只会让你的生活变得一团糟，会让你变得越来越悲观。乐观的人在面对挫折的时候，不会去怨天尤人，他们更多的是在寻找解决问题的办法。在遇到难题或者挫折时，只要把目标往积极的方面想，不去抱怨，多利用时间想想问题的解决办法，你会发觉自己的挫折忍受力将大为增强，而更容易从逆境中走出来，回归幸福。

乐观02：任何时候都要抬头挺胸

平时站立的时候，礼仪上都讲究抬头挺胸，这样让人看起来比较精神抖擞。身体的动作是最能表达心理的一种方式。再从另一个角度来看，当一个人抬头挺胸的时候，呼吸会比较顺畅，而深呼吸则是压力管理的妙方。所以当你抬头挺胸时，会觉得比较能够应付压力，当然也就容易产生“这没什么大不了”的乐观态度。

乐观03：使用愉快的声调

在沟通的时候，要学会怎么说。或许你很有思想，但是你该怎么表达才能让别人听懂并赞同你的观点，这时怎么说才是重点。“怎么说”的部分，包括了语调、脸部表情和肢体动作等。而常被人忽略的是，我们的声音其实是有表情的。如果你细心观察的话，就会发现外国人在交流的时候身体的语言是相当丰富的，而我们中国人大部分都是用同一种语调来表达一件事。所以用愉快的语调说话，你也会变得很愉快。

乐观04：使用积极的字眼

我们自己说的话常常会影响自己的情绪，一般而言，在日常生活中所使用的字眼可以分成三类：正面的、负面的以及中性的字眼。先来说说负面的字眼，例如：“问题”“失败”“困难”“麻烦”“紧张”等等。如果你常使用这些负面字眼，恐慌及无助的感觉就随之而起。

乐观的人很少会用这些负面的字眼，他们会用正面的字眼来代替。一旦开始使用正面的字眼，心中的感觉就积极了起来，更有动力去面对生活。除此之外，乐观的人也会把一些中性的字眼，变得更正面些。所以说话其实需要字字琢磨，只要改变你的负面口头禅，换成正面积极的字眼，你就会立刻感到乐观幸福起来。

乐观05：要有干好工作的愿望

要干好工作，必须要有一个积极的心态，首先要有想干好的愿望。只有心态积极，从内心里想干好，才能自觉端正工作态度，务实工作作风，心情才能舒畅，工作才能愉快，才能做到认真负责、一丝不苟，面对困难和问题才能积极主动、想方设法、创造性地去克服解决，能力水平才会得到锤炼提升，工作才会变得更加出色。相反，如果持消极的心态，怨天尤人，“老和尚撞钟”，不但会使工作变得索然无味，而且天长日久，即使原有的能力水平再高，也会被消极的年轮消损殆尽。

乐观06：要用心去工作

心态最终是要通过具体工作反映出来的，是积极还是消极，就是看是不是真正全力以赴、用心努力去做。要知道工作有价生命无价，一天的工作不努力、不用心就会使一天虚度了；一天虚度了，可能一月就荒废了；一月荒废了，可能一年就荒废了；长此下去，一生可能也就因此失去了价值。

当然努力去做、干好工作肯定有艰辛、需要付出，但越是艰辛、越是困难，用心努力去做，越能激发人的潜能，换来的将是不断提升的能力水平和充满自信的人生观。

乐观07：要勇于承担责任

你把工作当作什么？仅仅当作一种谋生的手段，每天得过且过，还是全心全意地发挥你的能力，展现你的才智？一个人的态度直接决定了他的工作行为，决定了他对待工作是尽心尽力还是敷衍了事，是安于现状还是积极进取。

只有调整好心态，带着爱去工作，怀着敬业的心去工作，才能在岗位中体会乐趣，在岗位中不断成长。在这个世界上，没有不需要承担责任的工作，相反，你的职位越高、权力越大，你肩负的责任越重。不要害怕承担责任，要下定决心，你一定可以承担任何正常职业生涯中的责任，你一定可以让别人完成得更出色。

乐观08：要抱着敬业的心态工作

生活有时候并不如我们想象中那么美好，面对人生的不公，不可强求，安心做好自己的事情就够了。面对人生的不如意，不必抱怨，相信它会以其他形式，在其他方面补偿你。

要常常反思：如果不做这个工作我还能干什么？还会干什么？如果我做不好现在的工作，我也不可能做好别的事情，更谈不上敬业了。如果你老是抱怨这抱怨那，就会使你丧失工作的活力与激情，停滞了迈向优秀的步伐，归于平庸。因此消灭负能量，你不仅工作得更加愉快，而且所获得的帮助也更多，工作也会更加出色。

当你抱着敬业的心态，去面对身边的每一项工作，就会发现，每一件事情都对自己有着深刻的意义。当你将敬业当成一种习惯时，能够从中领悟到更多的知识，积累更多的经验，能从全身心投入工作的过程中找到快乐。

积极乐观的心态是成功的根本。希望我们每个人都能拥有积极乐观的心态，用积极向上的态度为自己开创一条成功的道路。毕竟，“成功”不是等来的，它只属于适应形势、把握住机会的人们。

第六章

6

第一份工作，培养好品质

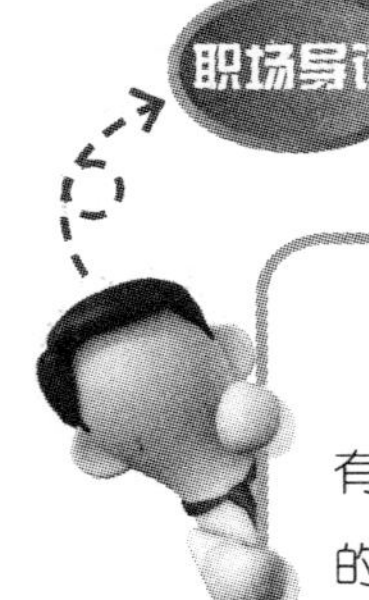

优秀的品质是个人成功最重要的资本，是人最核心的竞争力。具有优秀品质的人，总是会时常从内心爆发出积极的力量。可以说，好的品质是推动一个人人生不断前进的动力。或者说，品质就意味着职场上的竞争力。

第一节　第一份工作，学会了面对艰辛

职场点睛

每个人都需要工作，而不是工作需要你，你不去工作，照样有人会去干。面对艰辛的工作，你可以选择微笑地去面对，也可以选择潇洒地放弃。

马云说：“人的第一份工作养成的习惯和训练会影响我们未来的成功。”而哈佛的几个心理学家研究过人的第一份工作和一生发展轨迹的关系，得出的结论是人的第一份工作对一个人的影响比我们想象的还要大，因为那奠定了一个人很多的思考习惯、行为习惯。每个人都经历过第一份工的酸涩年代，辛苦但却值得回味。

吉娜大学毕业后，在一家大公司找到一份文员的工作，虽然这工作没有多少含金量，工资也不高，但是好在舒适又体面，也不用承受多大压力。

初入职场，有很多东西要学，吉娜也算勤勤恳恳，可是一年以后，一切都熟悉了，就觉得工作跟玩似的，无非就是做做表格，复印一些文件，帮领导跑跑腿，无聊又无趣，根本没有任何上升空间。

眼看着同时入职的新人一个个升了职加了薪，或者变成部门里的骨干，可吉娜还是拿着当初的薪水，还是一个无关紧要的人物。很多次，她想要调岗，去做物流，或者跑销售，但一打听，这些工作都挺烦挺累，加班是常态，更别想有时间坐在办公室里聊天。放弃目前舒适的工作去受罪，实在不甘心，于是，她只得一边羡慕别人一边纠结。

吉娜在文员的岗位上一干就是3年，后来部门大换血，新的领导带来了新的文员，被迫无奈，她只得接受人力资源部的调岗决定。好在有几个岗位可以选择，她选择做计划员，这份工作虽然不及文员轻松，但含金量颇高，很受公司重视，而且工资也高出很多。

刚开始，吉娜觉得自己因祸得福，一次人事变动，让自己有了更好的工作，可是好景不长，她就开始叫苦不迭了。这份工作要求了解公司产品，随时跑生产现场，和各个部门协调，还有大量的数据录入，她忙得脚不沾地、焦头烂额，别想坐下来聊天休息，连喝口水的时间都没有，就连周末，也是电话不断，都是些急需处理的棘手问题。

两个月下来，吉娜人瘦了一圈，觉得自己天天都被放在火上烤，想想觉得真不划算，还不如做文员呢，于是打了辞职报告，重新在另一家公司找了一份文员的工作。虽然她偶尔也会羡慕别人拿高薪，嫉妒别人升职，但她再也不敢轻易换工作了。

和吉娜比起来，安妮的运气似乎要差一些，大学毕业后，一直找不到合适的工作，最后，不得不在一家小公司做销售。作为一个没经验没背景的新人，最初的艰辛可想而知。每天天不亮就起床，一边吃早餐一边在脑海里演练和客户见面的情景，坐公交还在翻看客户资料，打电话说到嗓子哑，感冒了还得出差。

如此辛苦，头几个月也没多少业绩，还经常被其他同事抢单。安妮觉得特别委屈，无数次萌生辞职的念头，但转念一想，连个普通的销售员都做不好，还能做什么呢？天底下又哪有轻松挣钱的工作？

无路可退，她只得咬牙坚持。慢慢地，她积累了不少客户，也适应了职场上的激烈竞争，不再觉得苦累，并凭着骄人的业绩，做了部门主管。

后来，安妮不想过这种无规律的生活，于是主动申请调岗，到人力资源部做个小职员。虽然新工作需要从头学习，但尝试过做销售的艰辛，这点困难根本不算什么，她不但很快胜任，还一路坐到了经理的位置。

再后来，安妮跳槽到一家大公司，职位薪水都得意，完成了职场上的华丽转身。

老师、家长和职场前辈都不厌其烦地告诉我们，先就业再择业，别挑剔第一份工作，因为它只是一个跳板，积累了一定的经验，你就可以往高处跳。事实是，我们如果一开始做了舒适的工作，就会像吉娜那样，再也不愿尝试艰辛的工作，自然也就会失去了往高处跳的机会，如果一开始做那种烦琐艰辛的工作，以后的每份工作则都能轻松胜任。

初入职场，对一切都不甚了解，但有一种初生牛犊不怕虎的精神，一定会想方设法做好第一份工作，而这个过程会成为一种惯性，你习惯了舒适，就不想再艰辛，你习惯了艰辛，就不怕艰辛。而所有的好工作，都不会很舒适。

所以，我们的第一份工作一定要挑剔再挑剔，剔掉那些轻松舒适的，挑烦琐艰辛压力山大的，只有这样的工作，才是通往成功的阶梯。

那么，在职场中，面对艰辛的工作，觉得太苦太累，我们该怎么办呢？这就需要按下图所示的几个法宝来不断调整自己。

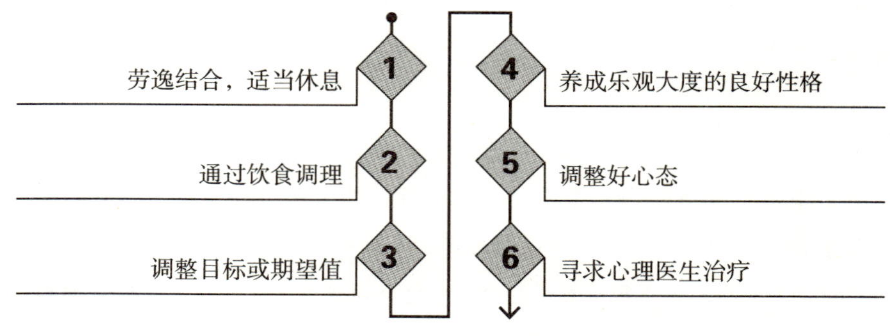

面对艰辛工作的法宝

法宝01：劳逸结合，适当休息

工作艰辛，若感到“太累”，平时应进行一些户外活动，如参加各种体育活动；下班后泡泡热水澡，与家人、朋友聊天；双休日出游；还可以利用各种方式宣泄自己压抑的情绪等等。

在工作和生活上，应有明确界限，下班后就应充分休息，而不应还惦记着工作，多参加体力活动，以做到劳逸结合、脑力劳动和体力劳动结合。

法宝02：通过饮食调理

饮食调理中，蛋白质中的氨基酸对振奋人的精神起着重要作用，B族维生素对维持神经、消化、肌肉、循环系统的正常功能有着重要的生理作用；钙和镁能影响肌肉收缩和神经细胞的转换，有利于缓解精神的紧张。所以应适当增加含此类营养物质食物的摄入量，这类食物主要有瘦猪肉、动物内脏、鱼类、鸡蛋、牛奶、豆类及其制品、海藻、杂粮，蔬菜中的西红柿、胡萝卜、菠菜、青菜、椰菜，水果等。

法宝03：调整目标或期望值

我们之所以觉得太累，一方面是由于工作量确实大引起的，另一方面也和自身处理问题的态度和方法有关。如一般以为只有拼命干，才能得到上司的赏识和加薪、晋升；还有的工作缺乏信心，常常担心自己被炒鱿鱼，或被别人超过等等。

如果长期感到力不从心，就要重新为自己进行角色定位，重新评估自己的能力和自己的价值目标，如目标过高，就应调整目标，以使自己的目标切合实际。

法宝04：养成乐观大度的良好性格

复杂的人际关系也是诱发“太累”的因素，为此，应积极调整与人、与单位的关系，让自己、同事、单位处于一种良好的状态中，以保持平衡的心态。在复杂紧张的工作中，应保持心理的平衡与宁静，养成开朗、乐观、大度等良好的性格，为人处事应该稳健，要有宽容、接纳、超脱的心胸。

法宝05：调整好心态

心态决定命运。在职场上，很多人之所以经常失意，就是因为没有好的心态。试想，没有好的心态，怎么会有成功的事业呢？工作中难免会遇到不顺心的事或者令你讨厌的人，聪明人应该始终保持一颗平常心，即便再苦再累也一笑而过。

初入职场，工作艰辛、压力大是在所难免的，这就要求一方面要积极调试放松，另一方面也应积极增强自己的心理品质。如完善自己的人格和性格，控制自己的波动情绪，以积极的心态迎接工作和挑战，对待晋升加薪应有得之不喜、失之不忧的态度等等，通过这些以提高自己的抗干扰力。生活中应有意识地培养自己多方面的兴趣，如爬山、打球、看电影、下棋、游泳等等。兴趣多样，一方面可及时地调试放松自己，另一方面可有效地转移注意力，使个人的心态由工作中及时地转移到其他事物上，有利于消除工作的紧张和疲劳。

法宝06：寻求心理医生治疗

如产生心理问题，可经常向家人、知己倾诉，心理问题严重的可去寻求心理医生的治疗。寻找机会，参加有关心理学的培训和学习，如美国和加拿大等国的许多大企业就要求员工参加工作压力管理和减压等心理训练课程的学习，同时这些国家也要求企业提供学习、训练的机会。这也要求我国的有关部门和企业应为职工提供相应的心理学学习的机构和机会，以利于员工及时消除心理问题，不至于形成“太累”的境况。

第二节　第一份工作，学会了诚实守信

职场点睛

忠诚是一个人品质的亮点。你会因为自己的忠诚赢得老板的信任，关键的时候会把重要的事托付给你。

诚实，即忠诚老实，就是忠于事物的本来面貌，不隐瞒自己的真实思想，不掩饰自己的真实感情，不说谎，不作假，不为不可告人的目的而欺瞒别人。

守信，就是讲信用，讲信誉，信守承诺，忠实于自己承担的义务，答应了别人的事一定要去做。忠诚地履行自己承担的义务是每一个现代公民应有的职业品质。

对人以诚信，人不欺我；对事以诚信，事无不成。

诚信是一个人安身立命的基础。一个没有诚信的人，不但得不到大家的信任，就连起码的尊重也不会得到。试想一下，一个满口谎言的人，谁敢靠近，一个经常承诺却总不兑现的人，谁又敢把他的话当真、把自己的事交给他办?一个得到任务却不努力完成的人，哪个上司会器重?一个客户缺乏诚信和信用的人，谁还愿意与他合作……总之，谁在职场中缺少了诚信，谁就会在职场中被抛弃。

桑妮毕业于某高校国际贸易专业。由于曾在贸易公司市场营销部实习过，也在某电子公司从事过国际贸易的开发，凭着实实在在的工作经验，她找到一个以电子商务运营起家的公司。

这家新兴公司员工较少，桑妮一人身兼数职，做过行政以及与公司财务相关的工作。经过一年的时间，桑妮根据个人偏好、性格特点、职业能力以及价值观，确定了自己的职业方向。

虽然不是学财务出身，但是她想做中小企业财务管理方面的工作。为此，桑妮考取了会计从业资格证，准备跳槽。

一家从事家具研发设计与销售的公司需要招聘一名出纳，在面试的过程中，HR问桑妮："你从事财务管理方面的工作有多长时间？具体工作内容都有哪些？"

对于这样的问题，桑妮是有备而来的。当然，在准备面试的过程中，她思考过很多种可能性。

"我的财务工作经验的确有限，过分夸大的结果是即使侥幸通过面试，以后栽在真刀真枪实战的时候，那怎么办？"桑妮最后决定实话实说，"财务工作讲求认真精细，专业化程度决定了老板对你的信任程度。"所以在面试的时候，桑妮按照自己工作的实际情况进行了介绍，自己擅长什么，经历过什么，

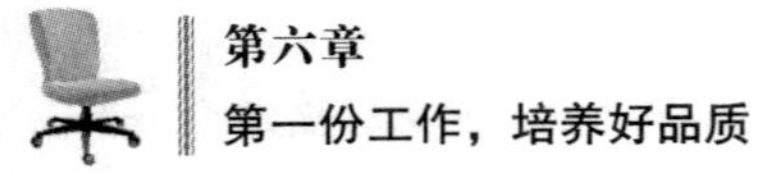

对哪些业务还不够熟悉。

没想到，桑妮最后接到了录用通知。

招聘方这样评价桑妮："我们需要的是一个踏实肯干的年轻人，即使她专业基础比较薄弱，也可以通过后天的磨炼来弥补，财务工作一定要看一个人的品质和德行……"显然，桑妮的胜出是因为能够立足实际，客观地评价自己，具有诚实的品性。

从上述故事中可看出，诚实对一个人来讲是何等重要，它往往与成功结伴而行。现在的企业用人首先要求是诚实，第二才是才能，有才能而不诚实，给企业带来的危害比能力差的人更大。诚实对企业来说，它是一种"形象"，一种"品牌"，一种信誉，一个使企业兴旺发达的基础。可见，企业欢迎的是既诚实又有真才实学的人。

我们时常会遇到这样的情况：上班打卡时，卡到了人没到；考勤第一的人，绩效却是最低的；海外的学历背景是杜撰出来的；上司给员工加薪或升职的承诺始终没有兑现；员工屡屡失职……这些缺失诚信的行为，不仅会使自己的声誉受损，还容易引起他人的不满，破坏公司规则。

西蒙因为有事，请求和同事王书轮休，王书答应了西蒙的请求。谁知第二天却下起暴雨来，王书打着雨伞都没有用，没走出小区门口就已经被雨淋透了。他好不容易坐上车，结果却发现西蒙坐在办公司里。王书问西蒙怎么来了，西蒙说;"今天下暴雨，要做的事情取消了，所以赶到公司来想请你回去，不轮休了!"王书一听就生气了，心里想："这算什么事啊?你要过来就跟我打个电话嘛!我也就不过来了。说了轮休、又不轮休，我把下个休息日的活动都安排好了，还要取消，麻烦!西蒙这个人还真没谱!"虽然心里这么想，但他并没有说出来，只是想以后少给这个人办事。

几个其他部门值班的同事看到王书这么讲信用，都很欣赏他，而对西蒙的不靠谱行为，都很反感。大家在与他合作办事时，都留了一个心眼，即使觉得他不是故意不讲信用，也觉得这个人办事不牢靠。

在职场中，与同事的关系很重要，不要轻易失信于同事，否则很容易使同事疏远我们，西蒙就是因为失信于王书，使王书失去了信任，不愿意在与他多交往，其他同事也因此对他存了防范之心。

诚信做人，诚信做事，这是一个初入职场的新人必须要谨记的至理名言。一个不诚信的人，即使一时蒙蔽了别人，最终也会被人发现你的真面目，从而成为众的矢之。

商场中笑到最后的一定是知名度和美誉度皆优的品牌，一样的道理，职场中如能将“诚信”进行到底，也必将为自己争取到无限的可能。

职场诚信，相对其他职场问题，不难理解，但能持之以恒做到的也不简单。职场里的诚实守信，既体现在做事，也体现做人。做事能反映出“个人”，做人也直接关系到如何“做事”，二者相互联系，不可分割。

诚实守信，是不可或缺的职场价值取向。诚信是职场竞争的“试金石”，也是人生极为难得的宝贵财富。诚信不但是一笔物质财富，而且还是一笔精神财富。诚信不但是职场竞争的重要原则，也是做人的根本，是一种良好的美德。诚信守信，维护合约，这是社会主义公民道德规范的基本要求，也是每个职场竞争者必须遵守的原则。

作为一名职场新人，可以从以下几点入手，做一个诚实守信的人。

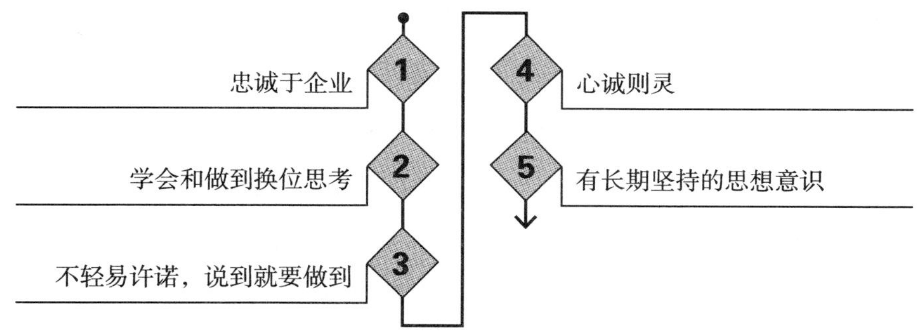

做诚实守信的人

诚信01：忠诚于企业

对岗位的热爱是诚信的基础，激情的来源。因此，作为一个员工，要热爱自己的工作，珍惜自己的工作岗位。在工作中要顾全大局，处处维护公司的利益，不做任何有损公司利益的事，不讲任何有损集体团结的话。

诚信02：学会和做到换位思考

要做到讲诚信其实并不难，之所以有些人不讲诚信，根子就在于他们想的只是自己的需要，没有考虑对方的要求，一事当前，先为自己打算。

诚信03：不轻易许诺，说到就要做到

要说到做到。俗话说，一言既出，驷马难追，答应别人的事情，尽自己最大的努力做到。重视自己做过的每一个承诺，即使是一件小事。因此做承诺时要慎重，对于自己做不到的事情，要诚实地回答，礼貌地拒绝。

诚信04：心诚则灵

以一片赤诚之心，必能获得别人的信赖、理解、支持和合作，这是已被无数事实证明的真理。但这并不是意味着所有的赤诚都能够得到回报，因为：一是你看错了对象；二是对象虽可信赖，他一时还未能理解你的真心本意，还有疑心、戒备和不安的存在，都难以给出相应的回报。

诚信05：有长期坚持的思想意识

讲诚信，是一个长期的过程。就像投资一样，必须要有长期坚持的理念。只有长期坚持，才能使自己“诚信账户”上的财富越积越多，才能获得更加持久、丰厚的回报。否则，哪怕偶尔一个小小的不诚信行为，也有可能使自己的诚信大幅度缩水、贬值，而使长期的努力付之东流。

作为刚入职场的新人，应该保持诚实健康的心理和乐观向上的生活态度，尤其要学会给自己的诚信保值，以自己的诚信实现职业理想，并创造美好的未来。要牢固树立远大的人生理想信念和正确人生观、世界观、价值观，应有充分的思想和心理准备，正确面对紧张的竞争环境和工作压力，勇于承受眼前的困难和挫折，客观分析所在单位的现实情况及将来的发展前景，并结合自身职业兴趣和工作能力，科学规划人生，并制定长远的职业规划，克服困难，从小事做起，理智择业，耐心从业，充分发挥自己的专业特长和优势，积极投身创业实践，自强不息，艰苦奋斗，努力开拓出一片属于自己的新天地，有步骤、

分阶段地去实现自己的职业理想。

职场播报

职场里如何维持诚信

社会是一个大团体。每个圈子都是一个相对独立的小团体。虽然诚信与法律不可相提并论，但无论大团体还是小团体，诚信都是维系其秩序和可持续发展的重要条件。丢失诚信，你将很快失去伙伴，失去朋友，到最后，无人再敢与你共事。做到以下几点，可以帮你在职场里维持诚信。

1. 让人放心

归根结底，上述境遇无非信任问题。的确，信任是我们日常生活的重要部分。在近期一项寻找高潜力高级经理人的猎头活动中，这家公司的董事长强调了对首席执行官放心的重要意义，他希望一旦出了什么问题，首席执行官一定能向董事会反馈。

2. 小心做人

要认识到你的所作所为有可能反过来影响你。现在，工作场合的虚伪比以往任何时候都容易发觉。上一辈可以将错误隐藏起来。由于资讯的可获得性，我们活在一个透明的时代，这对企业环境下的人群具有深远的意义。

3. 自身行为要无可指摘

自己采取的行动要让自己良心过得去——要是那种你独自一人时也会做出的选择，不要只是投其所好。

4. 有时候要懂得拒绝

对老板说“不”确实很难，谁都想得到首肯。但把领导者像神一样供起来是有危险的，领导者身上所有的弱点都会被隐藏起来，在权势之下人会变得脱离现实。

5. 塑造形象

关注自己投射出来的形象。你是主动与他人沟通，还是在他人之间建起了沟壑？尤其在你（以及其他所有人都）知道你在犯错的时候?设想如果自己是局外人会怎么看自己。必要的时候，询问可以信赖的人自己在哪些方面可以作出改进。

6. 修剪人际关系网

在人际网中考察每一组关系，把那些与你行事原则不符的人剔除在外。哪怕是自视强大独立的人也可以在长时间的相处中被他人影响。让自己被积极的人环绕。不要试图迁就他人，问自己是否真想与那些需要被迁就的人为伍。

7. 评估自己的行为模式

思考自己与他人的关系，问自己是诚实可靠型还是不忠不信型?无论与某人认识多久，无论客户、员工或上级对你有多忠诚，都要慎重对待。傲慢自大会让我们的实际行为与理想效果之间出现偏离，也会降低我们事后补救的能力。

8. 有获取也有反馈

要记得时常向职业圈内的关键人物提出并获得反馈，保持经常性的接触是信任的基石。例如，在职场中，既要找机会约定正式汇报，也要适应必要时候的闲聊。对彼此更加负责是保持诚信度的关键所在。

9. 管理风险

在点头之前，仔细思考别人的动机，想想有什么后果，然后用道德标尺衡量一下。通过改变方向，你可能会帮上司、公司和自己一个大忙。

第三节　第一份工作，学会了宽容大度

职场点睛

在我们遭遇不公平对待的时候，怨恨是没有用的。我们要用一颗包容的心来看待这些，显得既有涵养，又大度，还能得到别人的尊重。

宽容是最美丽的一种情感，宽容是一种良好的心态，宽容也是一种崇高的境界，能够宽容别人的人，其心胸像天空一样宽阔、透明，像大海一样广浩深沉。

宽容是理解、博大、包容，也是一种高尚的品格，是一种上乘的人生境界。人非圣贤，孰能无过，每一个人在工作中都难免犯错，因此我们要宽容同事的错误，允许他改正，不能以牙还牙，或者揪着他的小辫子不放。如果缺乏宽容的品格或者不注重这方面的修养，在工作中就会人为地制造很多矛盾，或者在矛盾出现之后针锋相对，火上加油，造成更多更大的矛盾，这既不利于自己，更不利于工作的开展。

职场就像一个大家庭，各个成员之间在生活经历、文化背景、兴趣爱好、脾气性格等方面都有着很大的差异。而同事每天至少三分之一的时间都生活在一起，难免会产生这样那样的矛盾，有可能是工作中的分歧，也有可能是交流中的误解等等。面对这些问题，我们都应该从维护大局出发，从维护团结出发，互相理解，互相帮助，这就是“宽容”。

杰西和弗洛都是刚刚毕业的大学生，在一次招聘会上被同时招进了一家生产家具的公司，开始担任电子数控方面的技术人员。因为在毕业时间、学历、技术和技能方面，两个人都差不多，无形中就成了一对竞争对手，杰西对弗洛处处表现出敌意，甚至在背后说他的坏话。但是弗洛对这一切都假装不知道，见了面仍然热情客气地打招呼。

有一天临近下班的时候，因为偶然的失误，杰西把一组急需要的数据弄丢了。这下他可急坏了，因为主管已经交代过，第二天一早，就要用这个数据去开一个重要的会议。而这组数据非常难整理，就算他一个人加班，明天也不一定能整理出来。这时候，弗洛安慰他说：“别着急，咱们一起再整理吧，明天早上一定不会耽误事情的。”

他们俩一直忙活到次日凌晨4点多，终于把数据整理出来。看着弗洛熬得满是血丝的眼睛，杰西惭愧地说：“对不起，以前都是我不好，不该……”弗洛没让他说下去，拍拍他的肩膀说：“都过去了，就别再提了。”因为这件事情，杰西对弗洛最初的敌视态度很快就转变成一种工作中的热情友谊了，他还对其他同事说：“弗洛宽容大度，是个值得信任的人。”

宽容是我们对别人缺点的包涵，而不是纵容。所以，在我们发现他人不足的时候，要用自己的一颗宽大的心来包容他，并且要让他感受得到。所谓宽容就是可以为他人着想，能够换位思考，能够拿得起放得下。

在职场中，我们需要宽容，如果不是原则性的问题，就让我们试着站在别人的立场，理解一下别人所作所为的原因。人的态度都是相互的，如果你给了别人宽容和尊重，那么，他们也一定会还你宽容和尊重的。我们每一个人都属于团体，而永远都不属于个体。要想在团体中生存，总会碰到不如意的事情，这时，我们不妨以一颗宽容的心来对待这一切。

温迪刚刚毕业，是第一次参加工作，所以，她平时做什么事情都是小心翼翼的。因为大学时期修的是文秘专业，所以，温迪现在在公司做的是总经理秘书的工作。总经理莉莎看起来很强势的样子，所以，温迪从第一次见到莉莎之后，对莉莎就是又敬又怕的，在为莉莎工作的时候也总是一丝不苟，丝毫不敢有一丁点的马虎。

可是，生活不可能是永远平静无波的，我们也不可能左右生活。就是这样，尽管温迪已经非常小心了，但是一天莉莎让温迪打印了一份非常重要的文件，也许是那天的工作量太大、太忙了，温迪竟然把这件事情给忘记了。那可是莉莎要用的发言稿啊。

可是再去打印的话也已经是来不及了，温迪已经做好了被开除的准备，她来到了莉莎的办公室，决定向莉莎说一下现在的情况，看看还能不能进行一些补救。结果莉莎并没有发火，而是思考了一下说："现在做什么也没用了，情况也比较急，还好对于稿子我有大概的印象，等会儿在开会的时候，我尽量凭记忆说好了。小温，你也不要那么沮丧了，快去准备准备，跟我去开会！"

结果，在会议上莉莎凭借自己出色的口才和记忆，博得了满堂喝彩。事后，莉莎并没有责备温迪，更没有将她给开除，而是说："新人哪有不犯错的，吃一堑长一智嘛，以后继续努力就行了！"

一下子，温迪彻底地改变了对莉莎的看法，从那以后，温迪工作认真、努力，最终成为了莉莎最得力的助手。

当温迪犯了错误之后，她得到了莉莎的宽容，于是莉莎得到了一个得力助手。如果，我们在人际交往中能够以一颗宽容的心来面对这一切，那么我们将会换来更多的友谊和信任。给别人以宽容，也就是给自己以信心，就能成就一个全新的局面。宽容不仅是给别人机会，更是为自己创造机会。

每个人都有所长，也有所短，对于缺乏包容心的人来说，他们总是喜欢盯着他人的隐私和缺点不放，并大做文章，开口就会讲出伤人的话；而包容心强的人则善于发现他人身上的优点，夸奖他人的长处，同时也能够容忍别人的缺点和不足，他们能够严格要求自己，从而善待他人的过错。

那么职场中，我们如何才能做到宽容大度呢？

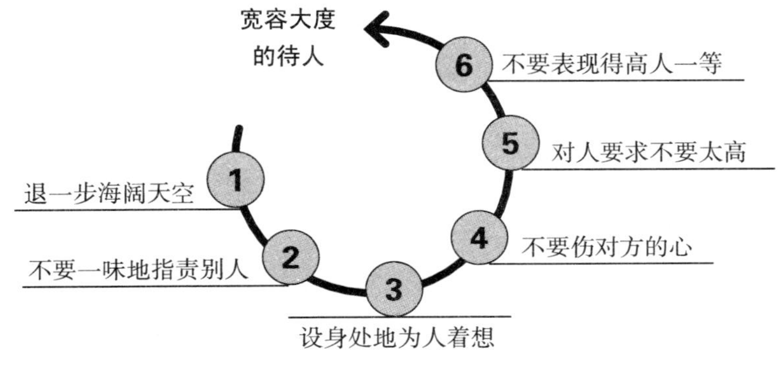

宽容大度地待人

宽容01：退一步海阔天空

人生好比行路，总会遇到道路狭窄的地方，每当此时，最好停下来让别人先行一步。如果你心中常有这种想法，那你的人生就不会有那么多抱怨了。即使终生让步，也不过百步而已，能对人生造成多大影响呢？你经常让人一步，别人心存感激，也会让你一步，即使一条小路，对你来说也会是阳光大道。你事事不肯让人，别人心怀怨恨，就会设法阻碍你、损伤你，即使是一条大路，对你来说也充满险阻。人与人之间往往是心与心的交往，诚心换来的是真情，坏心换来的是歹意。

宽容02：不要一味地指责别人

职场中，当你和同事的关系处理不好，或者和别人发生矛盾时，不要一味指责别人、怨恨别人，而要反省自己的言行是否有不妥的地方，是否对别人造成了伤害。时存自省之心，心地必然宽广。

宽容03：设身处地为人着想

遇事多宽容，设身处地地多为别人着想，不可以斤斤计较。人与人交往难免有个言差语错，或你长我短的，动不动就借题发挥，闹矛盾，扩大事端，这很容易破坏彼此的人际关系。有的人度量小，心眼窄，说句不客气的话叫鼠肚鸡肠，对人不计大德，专记小怨，不管别人对他怎么好，只要得罪了他，或是无意冒犯了他，就耿耿于怀，没齿不忘；或者当面顶撞；或者过后算账，不肯善罢甘休。有的人不能受一点委屈，稍受点委屈就咽不下去，非要雪耻不可，这样针尖对麦芒，谁还敢与你交往，与你为友。

宽容04：不要伤对方的心

人的自尊心比金钱更重要。一个人如果失去些许金钱，尚可忍受，一旦自尊心受到损害，就无法预测他将会干出什么事来。有时候，本无存心伤人之意，却可能因一句无意的话伤害别人，甚至可能为自己树立一个敌人，这是多么的不值得。

宽容05：对人要求不要太高

人无完人，金无足赤，任何人都可能犯错，所以对于别人的过错，要多采取容忍的态度。你对别人的容忍，会取得别人的一种理解，进而产生一种感激之情，问题便可以顺利解决。当然，现实生活中是千变万化，难以预料的，全在你掌握分寸，灵活处理。

宽容06：不要表现得高人一等

与人交往时，如果好胜心太强，就会表现得高人一等，不尊重别人的才能，轻视别人的劳动，就会无意间给自己招来麻烦。如果遇到必须取胜、无法让步的事，那也要给别人留一点余地，比如与人争辩，以严密的辩论将对方驳倒固然令人高兴，但也没必要将对方反驳得体无完肤。这样做不但对自己毫无好处，甚至会自食其果，遭到对方鱼死网破式的反击。

当我们和他人发生摩擦时，首先要了解他的想法，然后在顾及对方颜面的前提之下，陈述自己的意见，给对方留有余地。

争强好胜之心人皆有之，难得的是摆正对待输赢的心态，胜者固然可喜，败者也勿须垂头丧气，从竞争中找出差距与不足，从而在下次竞争中力争取胜才是正途。何况，俗话说得好："退就是进，让即是得"，只有时刻保持一份宽容谦和之心的人，在同事间建立起的友谊才是无比醇厚和牢固的。

职场上，能力并不能决定你的前程，一个人的为人处事，对待事情的心态是很重要的，俗话说："心胸有多宽，事业有多大"。讲的就是宽容在职场上的重要性。

职场播报

做一个有包容心的人

一个能够创出一番事业的人，一定是一个心胸开阔的人，只有养成了坦然面对、包容一切人和事的习惯，才会取得事业上的成功与辉煌。

那么，如何才能做到心宽容人呢？要做到胸襟开阔，要认识到"人无完人"，做到"得理让人""宽容别人"。

1. 要认识到"人无完人"

有很多因为生性怪癖或者没有吸引他人的能力，而无缘享受友谊之乐，以致丧失了许多单纯的生命之欢愉，变得孤独、落落寡合的人，曾经发出强烈的呼声："唉！我真希望我能吸引一些朋友，我真希望我能成为一个受人欢迎，为人所乐于接受的人啊！"但是他们不知道要实现这种愿望——结交朋友——其实并不难，实现的关键就在于自己的包容心，而单纯地求助于他人是行不通的。

2. 要"得理让人"

与人发生争执、冲突时，只要占到了理，就应主动给人台阶下，给别人留点面子。这样朋友就会越来越多，在遇到困难和挫折时，别人就会主动帮助你。这样你不仅在道理上战胜了别人，更会在情感上战胜别人，赢得别人的信任和尊重。

3. 要“宽容别人”

在遭到别人伤害，心里憎恨别人时，不妨做一次换位思考，假如你自己处于这种情况，会如何应付？当你熟悉的人伤害了你时，想想他往日在学习或生活中对你的帮助和关怀以及他对你的一切好处，这样，心中的火气、怨气就会大减，就能以包容的态度谅解别人的过错或消除相互之间的误会，化解矛盾，和好如初。这样，包容的是别人，受益的却是自己，你就能始终在良好的人际关系中心情舒畅地学习与工作。

如果你无论一生中碰到如何不顺利的环境，遭遇到如何凄凉的境界，都能在你的举止之间，显示出你的包容、仁爱的心态，那么你的一生将受用无穷。

第四节　第一份工作，学会了公私分明

职场点睛

工作中一定要公归公，私归私，永远不要把二者混为一谈，更不要以私害公，否则你最终会成为“全民公敌”。

有首歌是这样唱的：“最爱吃的菜是小葱拌豆腐，一清二白清清楚楚做人也不掺假。”其实办事和做人一样，特别是在职场中，一定要做到公私分明，公事和私事一清二白。

一个合格的员工，一定是一个公私分明的人。既要有做事的才干，也要有做人的品德。我们工作的一个重要目的就是为了生存，所以薪酬及物质回

馈是每个人的正常需求。但君子爱财取之有道，该得的得，不该得的一定不能伸手。

现代人的生活观念在变，对工作的态度也在发生着变化。他们投入地工作，同时也尽情地享受生活，这已经成为他们的一种生活态度。但是有些人会把私人的事情或者情绪带到工作上去，这是非常不妥的。

一个人对工作的态度是否严谨，从某种角度来讲会直接影响到其工作业绩和责任心。工作时认真负责全心投入，工作外则尽情享受生活中的美好和乐趣。无论是公事还是私事，要么不做，既然做了就应该是认真负责的，两头兼顾，最终只会耽误两头。

每个人都有自己的私事，有些时候很难把它完全与工作隔离，关键就在于你的合理安排，责任心不仅仅体现在对待自己亲人和朋友的态度上，同时也应该体现在对工作的态度，更何况，现在的竞争如此激烈，人际关系非常复杂，能做的公私分明有时也是一种自我保护的手段。

那么怎么才能做到公私分明呢?

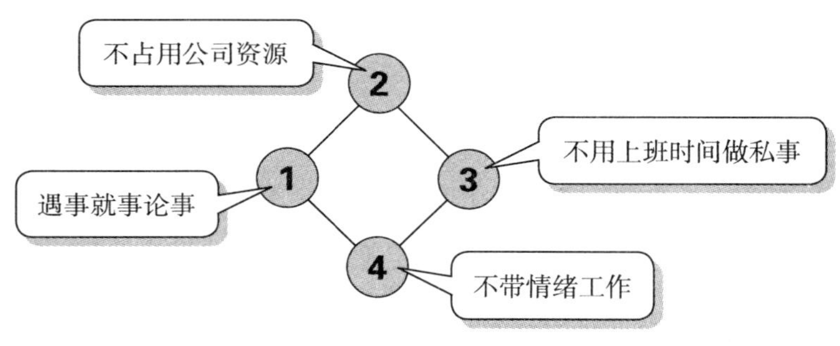

职场中要公私分明

分明01：遇事就事论事

现在是讲究个性化的时代，每个人都必须有自己的个性和特点，因为你的与众不同，才能表现出你特别的价值，才能为公司、为个人创造出个性的天堂。所以，在一个团体当中，大家都是为了同一个目标而努力，但是每个人都有自己的特点，这样在同一个问题上就会存在意见和分歧。

这个世界上没有两片一模一样的树叶，也没有两个一模一样的人，即使是双胞胎也会存在差异，所以同事之间为了公事产生分歧和矛盾是很正常也是很普遍的事情。当遇到意见不统一时，一定要表达出来，如果不表达，对方可能认为就是默认或者同意，这样公司可能会错过一个很好的建议，而你的才能也得不到有效的发挥。这个时候，就应该立场鲜明地站出来，但是，关键的是公私分明，就事论事，工作上的分歧不能带到私底下同事间的相处。

分明02：不占用公司资源

公私分明还有另外的一个意思，就是不要以为公司的东西就可以随意地浪费，或者用于自己的私事。

埃里克是某公司中国区工程部的经理。每月都会从他的本月电话费清单中勾出自己因私事打的电话，然后让公司从工资中扣除这部分用于私人的电话费。

电话费，看起来是小事，其实却是企业文化的一部分。作为一个员工必须时刻要有公私意识，要有原则性，否则在工作中就有可能公私不分，为个人利益而损害公司利益。

这种公私分明观念，可能外国人做得比较好，国足的前主教练米卢就是这样一个人。中国足协在北京昆仑饭店为他举行的告别宴会结束后，足协执意要派车送他，他却一再婉言谢绝了足协的好意，坚持要求自己坐出租车离开。他认为，他既然与中国足协没有工作关系了，就不应该再使用公务车。

职场新人也应该培养起这种公私分明的理念，这是一种优良的品质。其实，占了一点小便宜只是心理上得到了安慰，并不能对你的生活有多大的改善，但是在别人看来，你这个人就是非常的自私。避免这样事情的发生，能提高你的声誉，同时自己的认识也在不断地提高。

分明03：不用上班时间做私事

所谓上班时间，就是你有效工作的开始。公司规定，9点钟上班，那么9点一到，就应该处于工作状态。那些吃早餐、洗杯子、泡茶之类的事情，都应该在9点之前完成。上班时间的一分一秒都是公司的，绝不应该因私事而耽误上班的时间。在公司里不要利用上班时间做私事，也不可趁机用公司所提供的办公场所、设备（如电话等）办个人的事情，更不可溜出去做自己的事，这就是做事的原则和做人的底线。

占用上班时间做私事、在公司打私人电话，这些事同拿公司的一张纸或一支圆珠笔一样，都是贪占公司的小便宜，从这些小事中可以看出一个人的职业品德。注意这些细小之事，是公司对每一位员工最基本的要求，不要认为这是无伤大雅的小事。

曾经有段时间，网上有个话题讨论，是关于公司在员工电脑中安装监控软件的问题。有人振振有词地反对，说个人电脑里的信息属于个人隐私，公司无权查看。其实也不尽然。既然你跟公司签订了劳动合同，那么上班的8个小时都是属于公司的，都应该干公事。大家都知道劳动法有规定，上班时间受伤属于工伤，公司是要赔偿的。同理，上班时间也只能干公事，这是一个职业人最基本的做事原则。

一些人利用上班时间聊天、谈自己的私事，再带点情绪，一天8个小时，几乎用了一半以上的时间做自己的事，而工作一点也没做。这样的人实际上是在侵占公司的财物，浪费公司的资源。事实上，这是一种对契约的违背。你既然和公司签订了劳动合同，拿取了公司支付的薪水，就应该按照契约付出劳动。

分明04：不带情绪工作

问起走出校园的学生，很多人都有这样的感觉，就是来自各方面的压力都很大，当然烦心事也就很多，每个人都会遇到各种各样的烦恼，它们困扰着人们的生活。所以，职场新人在生活中遇到不开心的事，就很容易把坏情绪带到公司，影响工作心情。

聪明的上班族们要打消这种坏情绪，麻烦固然避免不了，可是别让坏心情影响到工作，进而影响到你的前途。可想而知，一个上班想着个人私事，整天心不在焉，不能一心一意，工作效率、质量必定受到影响，这样的下属怎么能得到老板的器重？

一个小家庭里，丈夫在外工作，妻子在家里操持家务，每天下午等着丈夫回家。

可是丈夫每天下班回家后都情绪低落，要么板着脸生闷气，要么数落公司的事情怎么不好。妻子看见他这个样子，不仅心情受其影响，也为丈夫担心。

一天，丈夫下班回来，看到自家门上贴了一张幽默漫画，还有几行简短的俏皮话，其中有一句话是:“甩甩头，抛开不快，面带微笑，别把工作情绪带回家。”他看了，不由得笑了笑，进了家门没多久，却又开始抱怨起来。

于是妻子对他说:“你这样上班带着家庭琐事去公司，下班又带着公务烦恼垂头丧气进家门，久而久之，人变得烦躁、颓废，工作生活都受到坏心情的影响，不良情绪牵制着你，两者互相干扰，这样，你又怎么能够开心工作，快乐生活呢?上司又怎么能看好你呢？”

他沉思着，决定第二天试着改变自己。他也用同样的方法在办公桌显眼的地方贴上图片，每天都提醒自己。一段时间以后，妻子发现他有明显的改变，变得开朗、快乐，他自己也感觉到自己身上的变化，工作越来越积极，和同事相处融洽多了，老板也时常表扬他。于是他更有信心把工作做好，争取能上新台阶。

总而言之，公事和私事混为一谈就会破坏两者的关系，使两方面都达不到双赢。不管是对待公务或者是同事，都要有一个正确的认识，分清是非和轻重，不要糊里糊涂的一把抓，处理好自己的情绪，逐渐的，你的素质也会有提高，而且还能得到同事的好评，这样就能快乐工作、快乐生活。

第五节　第一份工作，学会了少说多做

职场点睛

有人在你面前说别人坏话时，你不要插嘴，人多的场合少说话，不要把谈论别人的缺点当作乐趣，坚持在背后说别人的好话。

工作中，我们每天都要和同事打交道，自然要相互交流，说什么、怎么说，什么话可以说、什么话不可以说都很有讲究。可以说，在职场上说话也是一门艺术。言多必失，祸从口出正是这个意思。

所谓言多必失，话说多了一定有失误，不说话或少说话能给你带来很多好处。

总公司的市场部经理艾玛初次来办事处指导工作，中午请部门同事一起吃饭，席间谈起一位刚刚离职的王副总。入职不久的萨拉说王副总脾气不好，很难相处。艾玛说是不是她的工作压力太大造成心情不好?萨拉说我看不是，三十多岁的女人嫁不出去，既没结婚也没男朋友，老处女都是这样心理变态。

闻听此言，刚才还争相发言的人都闭上了嘴巴。因为，除了萨拉，那些在座的老员工可都知道：艾玛也是“待”字闺中的老姑娘!好在一位同事及时转移话题，才抹去艾玛隐隐的难堪，而事后得知真相的萨拉则为这句话悔青了肠子。

“祸从口出”四个字不管是在生活中还是职场上都需要牢记，在职场上立足不是件容易的事情，即使平时是个大嘴巴，在工作的时候也要管好自己的嘴，斟酌着说出的每一个字，少说多做。

少说，并不是让我们不说，而是让我们说该说的话，恰如其分地说话，绝不可胡说、乱说。古语有言：君子三缄其口。古语亦有云：不得其而言，谓之失言。身在职场，如果你不能够确定自己要说的话对人、对事是否有益无害或者利多害少，那就不如不说。因此，在工作中，我们应该多做少说，踏实做人。

也许有人会说，少说多做会吃亏的！其实不然，身在职场，如若能够真正做到少说多做，那你一定会更容易成功。

珍妮，22岁，天津一高校广告专业应届毕业生。今年5月，她顺利被一家广告公司策划部聘用。

一进公司，从着装到言行，珍妮表现得很低调。她总是一件休闲衫，一双运动鞋，闷闷地坐在办公室上网看书查资料，“开始上班时，我们还以为她是实习生咧！”同事这样说。

6月初，策划部业务例会上，十多名员工各抒己见，珍妮静静地聆听，并做好记录。老总问道："珍妮，你有什么要说的吗？"她谦虚地摇摇头，微微一笑。就这样，近一个月里，她细心观察，潜心研究，少说多做。

6月15日，公司接到天津某高校一个大型活动的策划项目，该项目时间急，要求高。18日，策划部员工开会研究方案，会议持续了近3个小时，无果。

珍妮得知策划案的内容后，花时间在网上大量翻阅资料，并结合自己广告策划的专业知识，3天后，她将自己的方案做成一份正式策划书，递交给负责人过目。负责人看后，连声称好："策划书思路清晰，目的明确，有创意，就照这个方案办！"此后，该公司顺利完成这一项目并获利。

少说，就是让你有自己说话的原则，明白什么该说，什么不该说，什么时候该说，什么时候不该说。职场中总有人喜欢发些牢骚什么的，殊不知，有时不经意的一句话就可能把你卷入复杂的人事斗争之中。所以，多说无益。

多做，当然指办事迅速、有效率。当你接到一个任务就赶快去做吧，能做到多好就做到多好，能做到多快就做到多快。不要小看任何一件小事，每件小事都意味着一次机会。复印机没纸了，悄悄地给加上；饮水机没水了，主动给送水公司打个电话……多做点这类看似鸡毛蒜皮的小事并非大材小用，它们往往最能给人留下好印象。

千里之行，始于足下。如果我们想获得成功，就应该要少说多做，踏踏实实做人，要多着眼于工作中的细微之处。

杰森大学毕业那年，因为写得一手好文章，被分到一所高校当校长行政秘书，而乔斯是比他早两年进来的党务秘书，两人同在一个办公室里工作。上班的第一天，个子不高但看上去很精明的乔斯，就以其能说会道的口才给杰森留下了深刻的印象，左一个"兄弟"，右一个"兄弟"，和杰森有说有笑，熟悉得仿佛和他是一家人！

没过几天，乔斯竟然仗着资格比杰森"老"，摆出一副盛气凌人的"主人"姿态，俨然办公室主任，把杰森指挥来指挥去，吩咐他做这做那。性格内向、不善言辞的杰森心里想：自己是新来的，何必跟他一般计较，少说多做总不会吃亏！于是，在平时的上班过程中杰森都会听从乔斯的"指挥"，毫无怨言地先擦桌椅、抹门窗、拖地板、打开水、整理报纸文件等，然后开始坐下来认真仔细地做自己的本职工作。而乔斯呢，因为办公室有了杰森这个“小兵”的加入，他竟悠然自得地享受起“领导”待遇，杂七杂八的事他从不沾边，他只要一动“嘴”，杰森就会乖乖地去做，他就只管不停地找同事们“神侃”、找领导套近乎，甚至有时领导交给他写的材料，他也吩咐杰森来帮他完成……

就这样，几年下来，上班时乔斯几乎都是只知道“海阔天空”地到处展现他的非凡口才，而杰森却一直都在默默无闻地做着分内、分外的事情。其间杰森还充分发挥自己写作上的特长，很及时地把学校里的重大新闻事件及先进事迹写出来，发表在当地报纸上，从而大大提高了学校的知名度，并深受领导的好评……

几年后，学校进行管理干部轮换，在学校公布栏内的新一任管理干部名单中，原以为自己势在必得的乔斯名落孙山，而资历较浅的杰森却通过这几年自己少说多做的踏实工作态度，竟然榜上有名，而且还是“管”乔斯的直接领导。生活有时也会这么幽默，以前在办公室，只说不干事的乔斯是杰森的“领导”，这回杰森倒成乔斯的真正领导了。

的确，不管是谁也不管在什么工作岗位上，光说不干是不会为你带来职务提升的，只有那种少说多做、踏实工作的人，才会笑到最后。

少说话，多做事，行动在人之前，语言在人之后，言多必失，行多必得。

那么，在职场中我们如何做到少说多做呢？

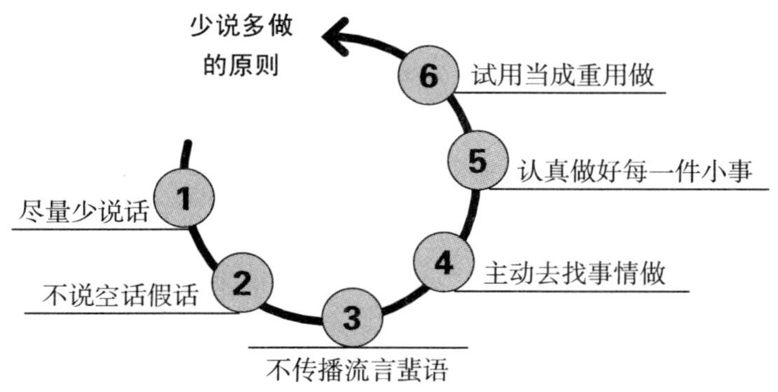

少说多做的原则

原则01：尽量少说话

在不得不说的情况下，尽量少说，不夸夸其谈，不乱讲滥说，不信口雌黄，不乱发议论。言多必失，多言多失，少言少失，不言不失。

不说话安全，而且给人留下持重、非同凡响的印象。凡事能不说就不说，尤其是与自己无关的事，不要说。少说为佳，话点到为止，并不是不说。而是要会说话，也就是在适当的时间、地点、场合说出恰当的话，也就是说把话说对时间，说对地点，说到点子上，能把直话说圆，说得头头是道，妙语连珠，人人爱听，个个喜欢。

原则02：不说空话假话

说到做到，不空谈。这是人的道德内涵所要求的，整天空话连篇，不干实事，那最终也是一事无成。爱因斯坦说过：成功=行动+正确的方法+少讲空话。

马克·吐温先生说过："我们千万不能说假话，因为我们不知道何时需要讲假话！"假话一旦被揭穿，便会失去做人的信任。假话说多了，会变成说话无人听，办事无人理，成为大家厌烦的人。

原则03：不传播流言蜚语

世上没十全十美的人。随随便便说人短处，轻轻松松揭人隐私，不仅影响团结，且足以显露你为人的卑鄙。听到流言，到我为止，一听了之，不做传声筒，不向外传播，不记于心间。

办公室如果流言四起，一定祸起事端。如果自己幸免没有卷入这场事端，那么做出一副高高在上事事不关己的姿态吧，千万不要凑热闹成为一份子，最终让自己成为一个靶子。因为搅事的人多了，事态一定会越来越严重，更何况流言只会越传越盛、越传越诈。制作和传播流言的人一定有不见光的目的，只可惜后面跟着传送的人，都成了无辜的帮凶，甚至一不小心还让自己成为真凶，被众人唾弃。

原则04：主动去找事情做

对于职场新人来说，一定要主动去做那些不起眼的小事。其实，职场新人都难免经历这样的“蘑菇期”，被搁在阴暗的角落，自生自灭。成了“蘑菇”并不可怕，只要留心每个细节，就能学到很多东西。就拿跑腿来说，首先就能熟悉一件事情的处理流程，还能获得与其他同事沟通的机会。对于新员工来说，要多做事，少说话，而且要经受“蘑菇期”的不断打磨，这样才可能成就大事。

原则05：认真做好每一件小事

在工作中，愿意把小事做细的员工最终会脱颖而出。因为，企业不缺乏雄才伟略的战略家，缺少的是精益求精的行动者；公司不缺少各类规章制度，缺少的是对规章条款不折不扣的执行者。

因此，新员工必须改变心浮气躁、浅尝辄止的毛病，提倡一丝不苟、注重细节的作风，把大事做细，把小事做好。正所谓“成也小事，败也小事”。一心渴望伟大，伟大却了无踪影；甘于平淡，认真地做好每一件小事，伟大便不期而至。正如托尔斯泰说的：“一个人的价值不是以数量而是以他的深度来衡量的，成功者的共同特点就是能做小事情，能够抓住生活中的一些细节。”

遇到大事，谁都会认真处理，谨慎对待，但有的时候责任心却体现在琐碎的小事上。很多新人往往忽略了这一点，对此不屑一顾。对于职场新人来说，做每件工作、每件事情，都是在向上司或同事展示自己的学识和价值，只有做好每件事，才能真正赢得信任。

原则06：试用当成重用做

在进入试用期后，尽快调整好自己，努力适应工作节奏，正确处理人际关系，千万不要把在大学里养成的坏习惯——迟到、早退、请假当成家常便饭，让人感到没有敬业精神，很难成为企业长期培养的人选。

职场新人是一张白纸，由于欠缺经验一般不会被委以重任，往往是做些辅助性的琐碎工作，但不能因为事小就不认真对待，敷衍了事。如果连小事都做不好，谁敢把大事交给你呢？无论做什么事情，都应该尽心尽力，一丝不苟，也许在我们眼里微不足道的细节，实际上却事关重大。

职场播报

职场需少说多做勤汇报

人在职场，身不由己！在这个充满竞争的环境中，一不小心就可能落入陷阱。职场新鲜人如果你想要规避风险，让自己有一个良好的成长空间，那么少说多做勤汇报就是你最好的生存法则。

很多企业并不是你表面上看到的那么简单，所以在没有掌握详尽的公司状况前，埋头苦修是你最好的保护措施。作为职场新人，如果你一味地抱怨，别人会怎么想？他们会认为你缺乏一定的适应能力，难成大事。这样很容易便会被打上不堪重用的标签，成为你以后职场发展的限制符。所以在职场中一定要谨言慎行。

1. 少说并不意味着不说

少说，是指在没弄清公司情况前，尽量不要过多地进行个人评价。职场说话是门艺术，对于场合有一定的要求。什么能说、什么不能说、不同场合该说什么话你都能有相应的了解。进入职场，每个人都是相对独立的个体，都有着自己的隐私。所以，在同事之间交流时，你必须让自己变成一直貔貅“只进不出”，凡事听听就好，千万不要随意传播。

少说并不意味着不说，在工作中很多情况下需要你提出自己的想法，这时的你一定不能胆怯。无论是集体讨论还是工作汇报，该说的时候，你都必须有拿得出手的内容。

2. 多做不是盲做

工作，是你融入新的环境中最好的方法。通过对工作内容的请教、配合，在交流中很容易便和同事熟悉起来。多做事是件好事，但并不意味着盲目的去做。你需要对自己的工作有一个合理的认识，然后在此基础上做一个详细的规划。

新人在进入企业后，都会将自己最勤奋的一面展示出来。但往往是三分钟热度，在熟悉之后就会松懈下来，无所事事。自以为很聪明，实际

上却是在消耗你的时间。作为职场新人，很多东西都需要你认真的学习，了解得越多，你会发现自己欠缺的东西越多。而几个月的工作，让你了解的只能是皮毛问题，真正深层次的内涵还是需要通过平时的工作慢慢累积的。

3. 勤汇报不是推责任

在工作中，勤汇报是一个及时纠正错误的好方法。通过你的汇报，经验丰富的领导和同事，很容易便能从中发现需要纠正的问题，并给出相应的解决方案，这能让你及时地调整方向，快速完美地处理事务，也是职场新人规避风险的最好方法。但需要注意的是，汇报是你学习的一个过程，并不是你逃避责任的一种行为。即使是再棘手的问题，在你汇报时也要有一定的解决方案。不要将所有问题都推给你的上司，如果问题上司都能解决的话，还需要你做什么？所以汇报是培养你工作能力和少走弯路的方法，而不是让上司解决问题推卸责任的借口。

第七章

7

第一份工作，养成好习惯

著名心理学巨匠威廉·詹姆士说：“播下一个行动，收获一种习惯；播下一种习惯，收获一种性格；播下一种性格，收获一种命运。”正所谓观念变，行动就变；行动变，习惯就变；习惯变，性格就变；性格变，命运就变；命运变，人的一生就改变。

第一节　第一份工作，学会了改变自我

职场点睛

工作的底线是尽职尽责。改变态度，努力培养自己勇于负责的精神，你将成为工作与生活中的赢家。

有很多人，总认为第一份工作就是一个跳板，没有必要认真对待，导致不断地跳槽，而且还抱怨工资低、环境差、工作苦。

确实，第一份工作不一定是你终生的事业，但它可以给你受用终生的职场所需的内在品质，而这些比你具备过人技术更有用。如果你不认真对待第一份工作，你可能永远是职场中的新人。

当你步入职场，总觉得现实与理想差距太大，一切并没有想象中那么美好。每个人对于职场感受都不一样，但是唯一让大家认可的一点就是“改变环境不如改变自己”。

缪钦来到厦门闯荡。他第一份工作是麦当劳服务员。然而，这个岗位是没有定薪的，全是计时工资。每月不到3000元的薪水使缪钦只能和另三个同事在郊外租一间月租900元的民房；舍不得花2元钱坐公交车，他就早早起床，跑步去上班；每天，他早上比别人先到半小时，晚上下班比别人晚一小时。回家后，他还会阅读麦当劳的“工作手册”，从没在凌晨1点钟前睡过觉。然而，三个月后的首批升职名单中却没有缪钦，而四个室友中，已有两个升了训练员。他上班又往前提了半小时，下班又推迟了一小时。然而两个月后，他再次榜上无名！

缪钦觉得再这样“耗”下去不行了，他写了辞职报告：“麦当劳不是一个公平的地方，我比别人做得多，为什么得不到升迁？”经理没有正面答复，只说：“你已经告诉了我你比别人做得好的地方。那么现在，你能不能换到对方立场，找出他们比你做得好的地方？”一换位，缪钦顿时就发现：阿刚虽然不加班，但做事效率奇高；阿群特别讨小孩子喜欢。第二天，缪钦告诉经理，他愿意继续留下来端盘子。在抱怨环境的时候他学会改变思维方式——改变自我。

第一份工作给缪钦的这个思维方式是对他一生有益的。初入职场，发现自己和环境格格不入很正常，正确的思维方式就是从改变自己入手，缩短自己和他人的差距，这种思维方式不仅让你适应眼前的工作，到任何一个团队你都会从中受益。

初入职场，按下图所示的方法去做，尝试改变自己，你就会离成功越来越近。

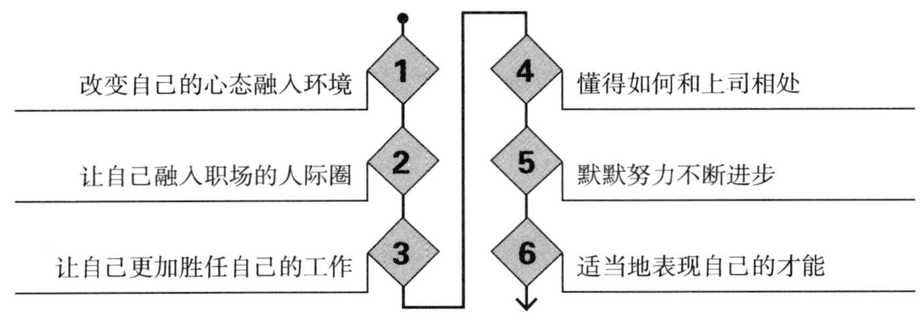

尝试改变自己的方法

改变01：改变自己的心态融入环境

在职场中心态尤为重要，如果自己的心态没有调整好，就会对自己所处的环境产生抗拒性，这样就很难融入到现有的环境中。

改变02：让自己融入职场的人际圈

要想融入职场环境中就要开始建立起自己的人际圈子，通过与同事间的沟通与合作，逐渐形成一定的默契度，这是需要时间来积累的。

改变03：让自己更加胜任自己的工作

一个有责任心的人会努力完成自己的工作，对于不懂的要主动请教，从而一步一步提高自己的工作能力，慢慢在摸索中适应自己的工作。

改变04：懂得如何和上司相处

和上司相处是一种学问，首先要了解上司的喜好和禁忌，既要如朋友般亲近，也要控制好自己与上司的尺度，谨言慎行。

改变05：默默努力不断进步

想改变自己的现状就要随时给自己充电，不想受人压迫就要站得比别人高，所以不断地学习可以让自己更快地升职加薪。

改变06：适当地表现自己的才能

有才能的人一般都是低调的，但是记得偶尔也要找机会表现自己，要不然就会被埋没了，所以适当地表现自己的才能让职场之路更加通顺。

职场播报

不能改变自己的人，不足以谈成功

改变自己非常重要，人无完人，只有持续改变自己，才能够变成一个更好的人。

改变自己非常难，需要审慎客观地认识自己，并且能够在自己身上开山破斧，是身心的血泪洗礼。

也正是因此，能够改变自己的人，才更加优秀，才更显其决心、魄力和行动力，才能够相对于变化前的自己，更无限近地趋近于成功。

那么，如何改变自己？

1．正确认识自己

改变自己的前提，是知道自己哪些地方需要改变、为什么需要改变。

真实的自己其实要比镜子里的难看30%——连外表这么一种易被辨别的现象、辅以镜子这样真实客观的工具，人仍然会误判自己的美貌程度，那么在性格、品质等其他判断难度远高于外貌的维度，又并没有说真话的魔镜在，想要正确认识自己，其难度可想而知。

但是，镜子仍然是客观观察自己外貌的好工具，所以在其他维度上，也可以为自己找到一面镜子，从而帮助自己找到不足，寻求提升。具体做法，包括但不限于以下几种：

（1）主动寻求反馈。

要自己更主动地去寻求反馈，诚恳地找到可能会给自己建议的1～3个人，提出希望对方给予反馈，从而更好地实现自我认知。

（2）角色扮演。

角色扮演需要具有细致的观察力和强大的反思自省能力。其好处是，能主动看到自己与其他人的差距，从而改变自己。

（3）察言观色。

观察周围环境和人的反应，这是一种无声的反馈。在观察到不符合自己期待的反应后，要思考：为什么对方的反应如此？我需要做出哪些调整和改变？

2. 接受消化现实

事实上，在认识到别人眼中的更真实的自己之后，并不一定就能够愉快顺畅地进入“改变”阶段。当了解到自己比预期的丑30%时，随之而来的，其实是不愿相信、逆反、充耳不闻，会因预期与现实之间的落差而充满挫败感、沮丧感，会因此而对自己失望，甚至觉得羞耻，觉得未获得认可，想要逃离。良药苦口，难以下咽一定是人之常情。所以，当这些情绪出现的时候，这只能说明你是一个对自己有所期待、对未来有所追求的上进的人，并不能更加说明你差劲、你无能。

因此，要给自己留一段时间，反复思量，实现对改变自己的必要性及其带来的情绪的接受和消化。如果不能接受和消化，那就是讳疾忌医，固步自封。

值得一提的是，接受消化之后，可能有的一种情况是矫枉过正。有些人在明白“原来我并没有想象中那么好”之后，会在失望、沮丧情绪下，滑向“原来我竟然这么差”的极端。不到90分与只有10分是完全不同的情况，没必要自暴自弃，妄自菲薄。要知道，能得到反馈，说明在他人心中有一席之地，在他人眼中是可塑之才。

3. 采取改变行动

既然知道哪里不足、有决心和动力改善不足，接下来就是采取行动，真的让自己发生改变。包括以下几个步骤：

（1）分析原因，找到问题。

针对自己的不足，分析原因。如果只看到不足这个现象，却没有找到背后的原因，那么计划一定是不可执行、不可落地的，是一个无用的计划。例如，沟通效率很低，这其实是一个表现出来的结果或者说现象；进一步分析，沟通效率低背后的原因，是表述无逻辑，无法有条不紊地向别人陈述自己的观点、罗列依据。问题到了这一步非常明晰，后续如何解决，也能做到有的放矢。

（2）设定目标，制定计划。

在明确了问题到底是什么之后，就是如何解决、解决到什么程度。仍然举上文的例子。针对表述无逻辑，目标就是在三个月后，能够有逻

辑地表达观点。第一个月，进行专业的逻辑训练，建立逻辑思维；第二个月，在构架的逻辑表达结构下，填充内容，先写再说；第三个月，沟通中按照之前的训练，先想再说。随后逐渐提升运用的熟练程度，实现这一项改变。

（3）定期review，寻求反馈。

在提升逻辑能力的过程中，小到每一次沟通结束、大到一个改变周期结束，都可以主动找到其他人，看看自己的改变是否发挥成效、是否可以让其他人感知。同时，也可以持续地获得建议，调整自己的改变策略和节奏。真悟空和假悟空，佛祖一看便知。

（4）相信自己，持之以恒。

人的习惯、性格是经多年沉淀养成的，要使其发生变化，尤其是发生那些会让自己异常痛苦的变化，绝不是可以一蹴而就的。有些量变短期内难以让人感知，但不代表没有发生变化。一旦放弃，就是真的没有变化，前功尽弃；要相信自己，持之以恒，量变终会引起质变。

在火中燃尽而后生，方为涅槃的凤凰；在临死边界挣扎而破茧，蝶才成蝶。勇敢地改变自己，更好地追求成功。

第二节　第一份工作，学会了高效工作

职场点睛

职场上，事半功倍和事倍功半的差别，就在于有没有效率。

职场人要想保证自己的工作发展顺利，首先就是保证自己的工作效率，让老板看到你的工作成果，之后才能够提拔你。

在很多城市，尤其北上广，加班成了家常便饭，可加班无补充也让很多人成了“穷忙族”。所以加班不是改善生活质量的途径，提高工作效率、提高能力才能真正达到升职加薪。如果你也是加班一族，在加班无补偿的大环境下，要学会合理利用时间，高效工作。

某天清晨，吉姆在上班途中下定决心，一到办公室即着手草拟下年度的部门预算。

他准时于九点整走进办公室。但他并没有立刻开始预算草拟工作，因为他突然想到不如先将办公桌及办公室整理一下，以便在进行重要的工作之前为自己提供一个干净与舒适的环境。

他总共花了三十分钟的时间，使办公环境变得有条不紊。他虽然未能按原定计划在九点钟开始工作，但他丝毫不感到后悔，因为三十分钟的清理工作不但已获得显然可见的成效，而且它还有利于以后工作效率的提高。

他面露得意神色随手点了一支香烟，稍作休息。此时，又无意中发现报纸上的彩图照片是自己喜欢的一位明星，于是情不自禁地拿起报纸来。等他把报纸放回报架，时间又过了十分钟。这时他略感不自在，因为他已自食其言。不过报纸毕竟是精神食粮，也是重要的沟通媒体，身为企业的部门主管怎能不看报，何况上午不看报，下午或晚上也一样要看。这样一想，心也就放宽了。

于是他正襟危坐地准备埋头工作。就在这个时候，电话声响了，那是一位顾客的投诉电话。他连解释带赔罪地花了二十分钟的时间才说服对方平息怒气。挂了电话，他去了洗手间。

在回办公室途中，他闻到咖啡的香味。原来另一部门的同事正在享受“上午茶”，他们邀他加入。他心想，刚费心思处理了投诉电话，一时也进入不了状态，而且预算的草拟是一件颇费心思的工作，若头脑不清醒，则难以完成，于是他毫不犹豫地应邀加入，便在那前言不搭后语地聊了一阵。

回到办公室后，他果然感到精神奕奕，满以为可以开始“正式工作了”——拟订预算。可是，一看表，乖乖，已经十点四十五了！距离十一点的部门例会只剩下十五分钟。他想，反正在这么短的时间内也不太适合做比较庞大耗时的工作，干脆把草拟预算的工作留待明天算了。

从吉姆身上可以看到许多时间管理者的影子，一旦养成这种拖延的恶习，终将一事无成。职场里，没有哪个上司不喜欢能高效率完成工作的员工。但是很多员工恰恰忽略了这一点，认为每天把自己份内的事情做好才是与自己的薪酬对等的。实则不然，做好自己的工作固然重要，但是如果能有效率地来完成工作，会让自己的上司对自己另眼相待。

工作中我们都在极力追寻高效率的工作，高效率就是最短的时间内高质量地完成工作量，在现如今飞速发展的时代，时间就是金钱，时间就是生命。没有哪位老板喜欢做事太慢的员工，工作效率是企业的生存之本，也是员工能够在企业中发展之本。

那么，要如何才能提高工作效率呢？

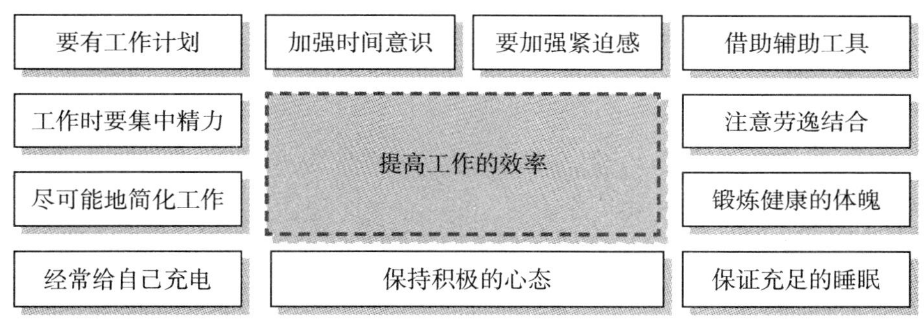

提高工作效率的方法

高效01：要有工作计划

每日为自己指定一个工作计划，做一个工作列表，把每日需要做的具体工作按照轻重缓急排列，另外相似的工作最好排在一起，便于思维，先处理紧急的工作，再处理重要的工作，最后处理简单、缓慢的工作。指定工作计划每日的工作才有方向，才不走冤枉路，马装车好不如方向对，没有方向地瞎忙活，再努力也是枉然。

高效02：工作时要集中精力

工作时一定要集中精力，全身心地投入工作，避免分心，要学会善于集中精力做一件事，而且是做好这件事。工作切忌三心二意，那样只会捡了芝麻掉了西瓜，甚至哪件事都做不好，让别人否定你的能力。

高效03：尽可能地简化工作

将简单的东西复杂化不是本事，将复杂的东西简单化才是能耐。当工作像山一样堆在面前，不要硬着头皮干，那样根本做不好。首要的任务就是将工作简化，当面前的大山被你简化成小山丘，是不是豁然开朗，起到了事半功倍的效果。

高效04：经常给自己充电

多学习知识，尤其是专业知识，只有不断更新知识，不断学习，才能更有效地应对日新月异的职场问题，处理高难度的工作难题，才能比别人更优秀，才能提高工作的应对能力，比别人更有效率。

高效05：加强时间意识

盛年不重来，一日难再晨。时间就是金钱，时间就是效率，时间是最宝贵的资源，时间不能消费，也不能买卖。工作时一定要有时间意识，消耗时间就是消耗青春，虚度光阴连工作都做不好更谈不上效率，没有人会赏识这种人。

高效06：要加强紧迫感

工作要有紧迫感，要有危机感。工作时禁忌怠慢心理，优哉游哉的心境适合逛商场，而不是职场。那些边工作边嗑瓜子的工作人员，怕是一辈子都摆脱不掉那个岗位。别人一小时就能做完的工作，你没有紧迫感优哉游哉地，怕是到下班都做不完。所以一定要加强紧迫感，在做每一项工作都要有超紧迫的意识，不断地督促自己。

高效07：借助辅助工具

不要闷着头傻干，要多为自己找捷径，捷足先登高峰。多学习一些辅助办公软件，巧妙地运用电脑、手机等电子产品。简单的电脑办公软件有WORD、

EXCEL、PPT等，帮助我们编辑文件、分析统计数据等功能，有的公司还会使用财务软件、库存软材等，我们还可以使用手机的记事本、闹钟、提醒、计算机等功能，帮助我们记录、提醒重要事件。

高效08：注意劳逸结合

不能一味地埋头工作，就像老牛拉犁一样，人的体能是有限的，大脑也是需要休息的，超负荷的工作只能降低工作效率，产生事半功倍的结果。不会休息就不会工作，适当的放松一下，站起来活动15分钟，喝杯水，听听音乐都可以让身心放松下来。工作时要为自己保留弹性的工作时间。

高效09：锻炼健康的体魄

身体健康才能全身心地投入工作，才能有精力应对工作的种种困难。无论工作周期多紧，一定要抽时间锻炼身体，可以清晨起来跑步半小时，或者徒步上下班，或者周末踢球、游泳等，要坚持不懈，生命在于运动。健康的体魄是工作前进的动力。

高效10：保证充足的睡眠

保证充足的睡眠，不仅能恢复当天体力，还能为第二天提供充沛的精力。睡眠在人的生活中占据相当重要的地位，在一天的24小时中，睡眠占至少1/3的时间，可见睡眠是不能草率应付的。只有身体、大脑得到充分的休息，我们才能有旺盛的精力投入到工作中，才能提高工作效率。

高效11：保持积极的心态

生活中，无论做什么事，心态都同样重要。当你面对繁重的工作压力，消极的心态就已经将你带入误区。心态很大程度上决定我们做事的成败。所以遇到工作上的困难不要消极，首先要积极地寻找突破口，如何让自己在繁重的工作中开辟一条捷径。抱着这种心态去处理工作，就会好很多。

第三节　第一份工作，学会了有效沟通

职场点睛

沟通就是心与心之间的交流，其主要目的就是达成彼此的利益和目的，是一种心理上的战术，在职场中非常重要。

沟通是连通人与人直接的一座桥梁，只有沟通才会使我们的工作和生活变得更加美好。在这里，我们强调的沟通不是无效的而是有效的、成功的沟通，在现实生活中我们也能看到一些关于沟通的例子。

比如：公司很多同事经常呆不了多久就辞职，其实不是他们不想做，他们都这么反映：我每天在做同样的事情，也没人跟我说为什么这么做，这么做的目的是什么？这样让我每天很迷茫，感觉自己就是一机器，没有思想。这就是沟通不力。每个人都是一个有血有肉有想法的活生生的人，不是机器，一句："不要问为什么，照做就是了！"怎么可能让人完全执行到位呢？这又不是军队，只要服从军令就行了！

由此可见，有效的沟通在我们的生活和工作中起着至关重要的作用。

身在职场，作为下属，只有主动跟上司做面对面的接触，让自己真实地展现在上司面前，才能令上司认识到你的才能，才会有被赏识的机会，才能让自己工作起来游刃有余。

不同上司喜欢用不同方式去管理。下属在与上司沟通时，必须懂得自己的上司有哪些特别的沟通倾向，这对沟通成功与否至关重要。

朱茜年轻干练，也很开朗，入行没几年，职位不断升迁，不多久便成为单位里的主力干将。前几天，公司的新领导走马上任，刚上任没多久，领导就把朱茜叫到办公室并说：“朱茜，你经验丰富，能力又强，这里有个新项目，你就多费心盯一盯吧！”

受到领导的重用，朱茜欢欣鼓舞。恰好这天要去某个城市进行谈判，朱茜合计后，觉得人多，坐公交车不太方便，人也受累，这有可能会影响谈判效果；打车的话，一辆车坐不下，两辆又太贵；还是包车好，经济又实惠。

朱茜想好后，并没有直接去办理。在职场呆了一段时间的朱茜，觉得这件事情应该与领导沟通一下。于是，朱茜来到领导的办公室，并说：“领导，您看，我们今天需要出去一下。”朱茜把几种方案的利弊给老板分析了一番后，紧接着就说：“所以，我决定包一辆车！”说完这句话，朱茜发现领导不知什么时候面露不悦了。领导生硬地对朱茜说：“是吗？可是我认为这个方案并不好，你们还是坐长途车去吧！”这时朱茜愣住了，让她想不明白的是一个合情合理的建议竟然被打了回去。

“按理说这是没道理的呀，傻瓜都能看出来我的方案是最佳的？”朱茜大惑不解。

通过这个故事可以看得出：朱茜凡事向领导汇报、主动与领导沟通的意识很好，错就错在她“措辞不当。”她不该说：“我决定包一辆车！”在领导面前，这无疑是对他的尊严和威严的无视，所以说与领导沟通也是要讲技巧的。

假如朱茜能这样说：“领导，我们有三种方案，各有利弊。我个人倾向于包车，但我做不了主，您经验丰富，帮我做个决定好吗？”领导听了之后，一定会愿意做个顺水人情，答应员工的请求，这样岂不是很好？

总之，在同上司沟通的时候，要注意一定的沟通技巧。不要盲目地同上司沟通，也不要没有任何原则地同上司沟通，否则容易让上司对自己生厌，更容易让老板远离自己。所以，一个人在职场上应当注意同老板沟通的技巧，这样才可以保证自己的职场生涯更顺利。

身在职场，不但要学会与上司沟通，更要学会如何与同事沟通。不善于沟通将失去许多机会，同时也将导致自己无法与别人的协作。你我都不是生活在孤岛上，只有与他人保持良好的协作，才能获取自己所需要的资源，才能获得成功。

职场交往中，与同事沟通的好坏直接影响着每个人在事业上的发展。在这样一个竞争激烈的时代，取得领导和同事的认可、赢得他人的支持和配合、促进自己事业的成功，显得尤为重要。

雷蒙是公司销售部的一名员工，人比较随和，不喜争执，和同事的关系处得都比较好，但是，前一段时间，不知道为什么，同一部门的鲁比老是处处跟他过不去，有时候故意在别人面前指桑骂槐，对跟他合作的工作任务也都有意让雷蒙做得多，甚至还抢了雷蒙的好几个老客户。

起初，雷蒙觉得都是同事，没什么大不了的，忍一忍就算了，但是看到鲁比如此嚣张，于是，一赌气，他告到了经理那儿。经理把鲁比批评了一通，但结果是，从此，雷蒙和鲁比成了绝对的冤家了。

在一段时间里，同事鲁比对他的态度大有改变，雷蒙是有所警觉的，只是没有留心是哪里出现了问题。但是，雷蒙只是一味地忍让，忍让不是一个好办法，更重要的应该是多沟通。雷蒙应该考虑是不是鲁比有了一些什么想法，有了一些误会，才让他对自己的态度变得这么恶劣，他应该及时和鲁比进行真诚的沟通，比如问问鲁比是不是自己什么地方做得不对，让他难堪了之类的。其实任何一个人都不喜欢与人结怨的，可能他们之间的误会和矛盾在比较浅的时候就会消失了。

但是结果是，雷蒙到了忍不下去的时候，他选择了告状。其实，找主管来说明一些事情，不能说方法不对。关键是怎么处理。但是，在这里雷蒙、部门主管、鲁比三人犯了一个共同的错误，那就是没有坚持“对事不对人”，主管做事也过于草率，没有起到应有的调节作用，他的一番批评反而加剧了二人之间的矛盾。正确的做法是应该把双方产生误会、矛盾的疙瘩解开，秉着以事业为重、加强员工的沟通来处理这件事，想这样做的结果肯定会好得多。

职场中，同事是工作中的伙伴，也是沟通的重要对象。要想和同事合作愉快，沟通技巧是必不可少的。

积极而有效的沟通能为职场人营造一个良好的人脉关系，还能为个人职业生涯带来很多好处。那么，职场人如何与同事有效地沟通呢？

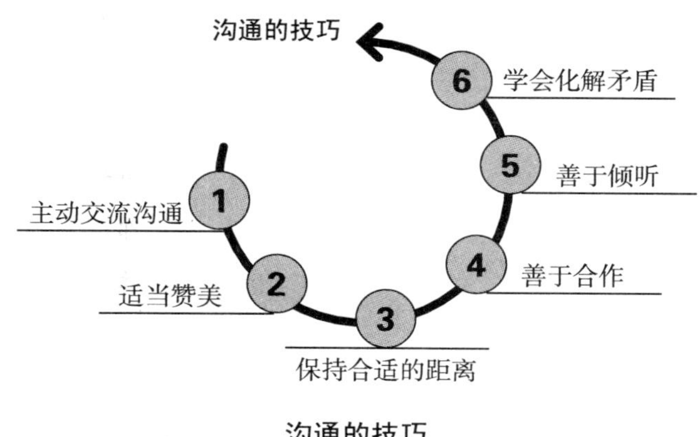

沟通的技巧

沟通01：主动交流沟通

人与人感情的建立往往在于长时间的交流与沟通，对于同事间的关系也是如此，在工作之余可以主动找同事聊聊天或者一起去喝杯咖啡，时间一长，对方的戒备心理就会减弱，两个人的感情也会变得越来越好。

沟通02：适当赞美

在职场上每个人都希望得到别人的肯定，所以在职场中要善于发现别人的优点和长处，并且适当的时候对别人加以肯定和赞美，这样不但让对方对自己更有信心，而且在以后的相处中更加融洽。

沟通03：保持合适的距离

职场不同于学校，在学校里朋友间可以亲密无间，但在职场上要学会与同事保持适当的距离，每个人都有自己的私人空间，有自己的隐私，切忌八卦别人的隐私，随便翻别人的文件，这样会给人留下不好的印象。

沟通04：善于合作

职场上很多时候同事之间需要合作，在一个团队中千万不能搞个人主义，要学会与团队成员沟通，同心协力完成工作，如果合作过程中出现分歧可以用适当的交流方式去化解，如果自己负责的部分出现问题也要主动承担相应的责任。

沟通05：善于倾听

很多时候刚来到公司的新人觉得无法融入同事的圈子，这时候我们可以先倾听一下同事之间平时喜欢聊什么话题，喜欢什么节目，然后找适当的时候融入同事聊天的圈子中。另外在工作中多倾听对方意见，重视对方意见，这样不但有利于自身的发展，也留给同事一个好印象。

沟通06：学会化解矛盾

同事之间出现矛盾是很正常的事情，当出现这种状况时不要硬碰硬，这样对双方都没有好处，这时候我们要学会换位思考，如果不是很严重的矛盾，可以选择主动打破僵局。

职场播报

职场新人如何与上司沟通

在同上司沟通的时候，要注意一定的沟通技巧。不要盲目地同上司沟通，也不要没有任何原则地同上司沟通，否则容易让上司对自己生厌，更容易让上司远离自己。所以，一个人在职场上应当注意同老板沟通的技巧，这样才可以保证自己的职场生涯更顺利。

以下是上司所欣赏的沟通方式，职场新人可在沟通中参考运用。

1. 沟通越简洁越好

领导阶层的人大多工作比较繁忙，事情很多，因此，你在与上司沟通时，要想引起上司的注意并很好地与上司进行沟通，就应该学会语言简洁明了，不要长篇大论。

2. 沟通应“不卑不亢”

作为下属，在与上司沟通时，应大方自然，不要慌乱及不知所措。不

可否认，上司喜欢下属对他尊重。然而，“不卑不亢”这四个字是最能折服领导、最让他受用的。下属在沟通时若尽量迁就上司，本无可厚非，但过分迁就或吹捧，就会适得其反，让上司心里产生反感，反而妨碍了下属与上司的正常关系和感情的发展。所以，作为办公室一族，自己在言谈举止之间，都表现出不卑不亢的样子，从容应答。这样，上司才会认为你很有风度，可以委以重任。

3. 沟通需择机而动

现代心理学证明：人在情绪不佳、心有忧惧等低落状态下较之平常更容易悲观失望，思维迟钝且惰于思考，情绪波动大并容易产生过激行为。上司也是人，也无法摆脱这一规律的影响。所以，作为下属，沟通时一定要择准时机，不要在上司情绪不佳时与之沟通，此时是没有什么效果的。另外，所沟通的内容可与当时的情景联系起来，通过暗示等心理活动来启示上司，从而更好地触动上司，达到沟通的目的。

4. 沟通时保持平常心

在与上司的交流沟通中，应保持一颗平常心，和上司平等自然地交流。特别是在谈话时，不以针锋相对的形式令对方难堪，而能够充分理解对方，那么这样的沟通结果才会是皆大欢喜的。

5. 用聆听开创沟通新局面

理解的前提是了解。在沟通过程中，下属不要只顾陈述自己的观点，可以适当听一下上司的意见。在相互交流之中，更重要的是了解对方的观点，不急于发表个人意见。以足够的耐心去聆听对方的观点和想法，能达到满意的交流效果，使沟通更顺畅。

6. 不能贬低别人抬高自己

主动与上司沟通时，千万不要为标榜自己而刻意贬低他人。这种在背后说人坏话的行为，会使上司对你产生怀疑。同样，当你表达不满时，要记住一条原则，那就是所说的话对“事”不对“人”。不要只是指责对方做得如何不好，而要分析做出来的结果有哪些不足，有哪些需要改进的地方，这种对事不对人的态度会让你得到上司的好感。

7. 用能力说服上司

对于日新月异的科技、变化迅猛的潮流，你都应保持应有的了解。广泛的知识面，可以支持自己的论点。你若知识浅陋，对上司的问题就无法做到有问必答、条理清晰。而当上司得不到准确的回答，对下属就会失去信任和依赖。

8. 用轻松幽默的口气说实事

轻松幽默的话题，往往能引起情感上的愉悦；庄重严肃的话题会使人紧张慎重。只要有可能，最好能把庄重严肃的话题用轻松幽默的形式说出来，这样上司可能更容易接受。

在办公室里，当知道了上司的沟通倾向后，你就需要调整自己的风格，使自己的沟通风格与上司的沟通倾向最大可能地吻合。你如果能通过自我调整，主动有效地与上司沟通，创造和上司之间默契和谐的工作关系，无疑能使你最大程度地获得上司的认可。

第四节　第一份工作，学会了遵守时间

职场点睛

守时是一种素质，无论是上班，生活，还是约会。守时不仅是一种礼节，更是一个人做人的基本要数。不守时，既浪费了自己的时间，也浪费了别人的生命。

现代生活的快节奏，呼唤着人们的时间意识。守时，理应是现代人所必备素质之一。什么是守时？守时就是比约定的时间早到5分钟，准时只是守时的下限。一个守时的人，在得到别人尊重的同时，也会给别人留下一个好印象。

但是，不守时的情况经常在我们的身边发生。通知了几点开会，却总有那么几个人迟到；约会时间已到，有人就是不见踪影；要求什么时间要办完哪件事，到时也总有人不能按时完成……诸如此类事情，屡见不鲜。

守时就是遵守承诺，按时到达要去的地方，没有例外，没有借口，任何时候都做得到。即便你因为特殊原因不得不失约，也应该提前打电话通知对方，向对方表示你的歉意。这不是一件小事，它代表了你的素质和做人的态度。

如果你对别人的时间不表示尊重，你也不能期望别人会尊重你的时间。一旦你不守时，你就会失去影响力或者道德的力量。

守时是入职者的第一准则，对于具有纪律性的公司来说，入职者首先就要遵守规则，如果，你连做事的基本规则都漫不经心，那么以后的事情该怎么做呢?这不是态度问题，而是一个素质问题。在一些内敛型的公司里，能遵守时间的人是录用的第一选择。

利娅是公司新招聘的销售员，法律专业应届毕业生，面试阶段表现不错，谈吐大方，人也机灵。

由于利娅租住在洪山，而公司在汉口，公司主管建议她在公司附近重新租间房子，公司可承担一半费用，她也一口答应下来。到正式上班时，第一天因为没有预计好车程，利娅迟到四十分钟；第二日，转车时坐错了方向又迟到了一个半小时。接连两次迟到让主管有点恼火，利娅也主动承认错误，接下来的两天都按时到了岗。出人意料的是，准时了两天后利娅突然不去公司了，致电给主管说要请病假，还申请回老家拿过冬的衣物。

当时主管就表示，给她一个礼拜的时间养病以及租房和回乡拿东西。其间她还主动提出会赶在周六前回来，好参加公司每周六定期的员工培训，这让主管感觉此人对工作还有一定责任心。没想到的是，一周假期结束后，周六培训日并未见到利娅，电话也联系不上，到了隔周周一的下午才接到她的电话，说上午在公司楼下徘徊了一段时间，但不敢上楼。

利娅的言行不一致让主管一气之下把她清出了公司的员工QQ群，此举其实是想给利娅一个警告，并不是就要开除她，谁知利娅竟主动提出无法继续工作，并向公司索要四天的薪水。

目前大多数公司中以年轻人居多，八成以上都是“85后90后”职场新鲜人，其中不乏工作认真踏实有责任者，同时，也存在像利娅这样“雷人”的个例。眼下不少职场新人在应聘初期，能够借助娴熟的求职技巧“包装”自己，找到工作；然而一旦上岗进入试用，便很容易暴露出“本性”。

守时是一种美德，这是大家公认的。懂得珍惜时间的人，不仅要珍惜自己的时间，更要珍惜别人的时间。管理好自己的时间，就是让自己无论在做什么事的时候都能够轻松应对、游刃有余。一个守时的人，必将获得别人的尊重。

人际交往中，守时是一种素质，遵守时间的男人，予人以谦谦君子之风；而遵守时间的女性，则更叫人另眼相看。可以设想，永远不懂得守时的人，生活中也一定是过于随性、没有章法的人。

如果说，普通人际交往中尚能忍受不守时的话，那么，职场上的守时，则关乎一个人的品行，经常会被提到“是否尊重他人”的高度来看待。正因为你忙我忙大家忙，所以，每个人的时间都很珍贵，学会守时，就是学会自我约束，是职业化的第一课。

前些日子，公司里的两位同事闹了点矛盾。因为工作中的一些小差错，汤姆负责的一家卖场扣了公司的部分产品，于是销售总监派与卖场熟络的约克去打个招呼。次日约克叮咛汤姆：我已联系好了，你今天务必亲自去一趟做些诚恳的解释。谁知汤姆那天有事耽搁了，三天后想起来再急急地跑去，对方早已火气冲天，当即以“不知此事”作推托。至此，汤姆与约克开始对掐，互相指责。其实事情很简单：只是汤姆没有守时而已。因为没有守时，失了信用，别人感受不到他的尊重和诚意，所以才会越闹越僵。试想，如果汤姆如约而至更兼态度恳切，或者打个电话告知不能赴约的原因，再另约见面时间，恐怕事情早已小事化了。

守时这个东西很微妙，与人的修养、个性、成长环境、习惯等很多东西都有关联。

守时是一种美德，代表着礼貌和信誉。德国哲学家康德就是一个守时的典范。

有一次，康德要去拜访他的好朋友——威廉。并说好了上午十一时之前来到。康德借了马车从小镇出发去威廉家。可小镇与农场之间隔着一条河。因为桥坏了不能过河。于是，康德找到了一个很旧的房子，并买了下来。拆成木头来修桥。很快桥修好了，马车平安渡过了这条河。十点五十分康德也准时来到了老朋友威廉的家。

康德和老朋友度过了一段幸福、快乐的时光。可他对于为了准时过桥而买下房子、拆下木头修桥的过程却丝毫没有提及。

如果康德没有准时到威廉的家，那他失去的是朋友对他的信赖。没有朋友对你的信赖，你就失去了朋友的信任。同时如果在生活中或工作中你没有守时，你就失去了信誉。没有了信誉，你就缺少了机会。这证明守时是多么的重要啊。

有许多人因为没有守时而得到惩罚的人。灰姑娘就是因为及时赶到家，才能避免以一副邋遢的模样出现在王子面前，不然后果非常严重。

守时是一种美德。你如果是守时的人，那你必将会得到人们的尊重和信赖。

守时守信更是职场礼仪中的基本原则。工作要依据时间节点完成；会议应按时开始、按时结束。对待时间应“刻板”“一丝不苟”，因为时间就是效率，就是金钱，就是信誉。没有时间观念注定会失败。

那么在职场中，如何才能做到守时呢？

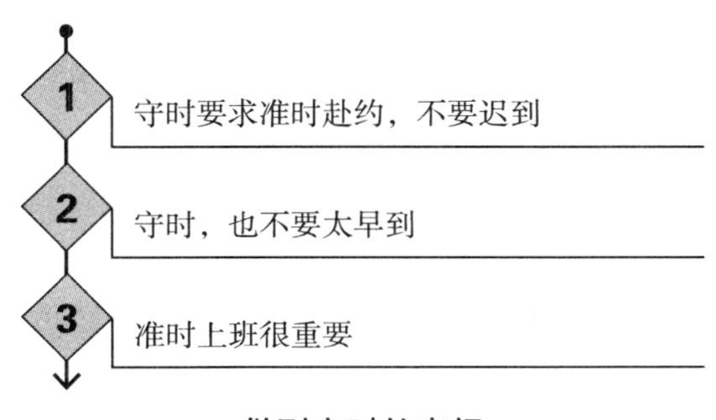

做到守时的窍门

窍门01：守时要求准时赴约，不要迟到

越是正式的、重要的或规模较小的活动，越不能迟到。晚来一点非但不被

认为“聪明”“时髦”“显贵”，不能引人注目，反而显得自私自利，不为别人着想。因为迟到必然会影响或打扰他人。

窍门02：守时，也不要太早到

太早到达，主人可能另有安排，或者在物质、心理方面还没有准备好，宾主相见难免会有尴尬。如果抵达较早，应在门外、楼外等待，到了时间再去敲门。

举办会议或活动，主人应早于客人到场，晚于客人离场；客人应准时抵达。会议、活动应准时开始，让客人久候，是无礼的表现。如果客人迟到，主人不要流露出不耐烦的情绪，因为对方不一定是有意而为的。

职场女性在参加各类活动前，应先检查该活动与自己的日程有无冲突，并将此记载入册，避免遗忘；赴约时，要加入提前的时间量，以应付各种不测。总之，应事先做好各种准备，有计划，有条理，避免拖沓和忙乱，以显示良好的职业素养。

窍门03：准时上班很重要

迟到是不能得到谅解的行为，因为这表示你对工作不够重视。迟到早退却往往是纪律严明的公司所不能容忍的，因为他们认为守时是最基本也是最重要的品质。

假如和人约好了时间却未准时地到达，那老板对你的印象不只是大打折扣，而是立刻一落千丈。常常迟到、早退、或是事先毫无告知便突然请假，既会让事情变得杂乱无章，又会妨碍全体成员的工作进度。这样的人无法为他人所信赖的，更无法让老板信任。每个人都希望别人讲信用、守时间，那我们自己又该如何做呢？如何在自己的身边营造出一个守时重信的氛围呢？借用戴尔·卡耐基的一句话：如果你想结交朋友和有影响力的人，就要准时。

职场播报

职场中如何做到守时

守时是职场礼仪规范中最基本的要求，通常来讲，一个守时的人会得到大家的信任，没有人愿意和一个总是迟到甚至无故失约的人交往。恪守时间是一个人对待工作和生活的态度，同时也代表了一个人的情商和信任度。那么，职场中如何做到守时？其方法如下：

（1）把手表调快10分钟，这种方法很管用，据说比尔·盖茨就是用这种方法。

（2）现在的手机都有备忘录功能，把自己要做的事、要赴的约提前输入手机，设定时间提醒自己，要是自己做事比较拖拉，那就把时间定得稍微早一点，把可能想到的意外都考虑进去，尽量做到提前到，这样会给别人留下好印象。

（3）将事情按轻重缓急分类，把最紧急的事情放在最醒目的位置，把不是特别着急的事情放在最后，做事有条理，这样便可以井然有序地安排工作与生活，避免因为混乱造成迟到的现象。

第五节　第一份工作，学会了整理办公桌

职场点睛

养成整理办公桌的习惯之后，就会赢得别人的信赖，就会给你带来平和积极的工作态度，也会使你繁重的工作变得有条不紊，充满乐趣。

办公桌或许不到一平方米，说起来应该算是一个很小的地方，可就是这样的一个小地方，足以体现其主人的习惯与性格。

设想一个连这么小一个地方都收拾不好的人，谁还放心把工作交给他完成？千万不要觉得办公桌只是你一个人的地盘，想怎么弄就怎么弄，精明的上司只要一看员工的办公桌，就能对这个员工的性格有个八九不离十的了解。

很多时候，在你还没开口说话之前，上司一看你的办公桌就知道了你的工作能力，所以保持办公桌的整洁有序，让整洁成为一种习惯是很有必要的。

雅娜的办公桌一直都很有风格，除了整洁之外，还有一种怀旧的气息。在办公桌的左上角摆放着一个相框，相框本身就有点老旧的感觉，里面镶着的那张照片就更老了，是一张黑白的，看起来像一家三口。

一天，经理经过雅娜的办公桌，看到这张老照片，就与雅娜聊了起来。原来雅娜的老家在很远的地方，这张照片是雅娜很小的时候和父母一起照的全家福。父母为了省钱，后来也一直没有再照过相，所以雅娜就一直把这张照片带在身边，既可以在想家的时候一解相思之苦，又能时刻提醒自己，一定要努力工作，让父母过上更好的生活。

没过多久，雅娜被提升为经理助理。她一直很纳闷，自己除了工作认真外，并没有什么过人之处。后来在一次与经理出差时，把这个疑问向经理提了出来。经理说："其实我当时一直在考虑该提升谁做助理，于是，就分别与几个候选人聊天，在与别人聊天时，那些人都是变着法地炫耀自己有多了不起，而你却不一样，首先从你的办公桌陈设就知道你不单是一个怀旧情结很强的人，更是一个有责任感的人。我就是需要这样的一个助理。"

很多时候领导者看重的并非是一个员工有没有过人之处，关键是这个人在细节上所体现出来的个人素质。雅娜就是在不经意间通过对办公桌的陈设而赢得了这样一个提升的机会。机会对于每个人来说都是公平的，只是当机会来了，就看你能不能把握住。获得机会的人也不知道自己会有这样的一个机会，他们只是在一点一滴的小事情上做好了，得到自己应该得到的罢了。

一些人总能以工作太忙，无暇分心在这些小事上，或者是怕清理东西时，把需要的或是有价值的文件也一起清理掉了，方便寻找资料等为借口，不去整理自己的办公桌，总是让自己的办公桌被那些有用或无用的资料，以及过时的记录占据着，让自己埋首其中。

事实上，这是一种不懂工作秩序和生活秩序的表现，会减弱你的工作热情。办公桌上杂乱无章会让你觉得自己有堆积如山的工作要做，可又毫无头绪，好像根本没时间或做不完一样。面对大量的繁杂工作，再大的工作热情也会被冲淡了。

脏乱的办公室降低了你的办公室生活的质量，会让你感到疲惫不堪。也就是说，是这种不良的工作习惯加重了你的工作任务从而影响你的工作热情。

另一方面，如果你的上司看到你的乱糟糟的办公桌，会有什么样的感觉？他会觉得你这个人的工作大概就像你的办公桌上一样杂乱无章，他敢交给你重要的任务吗？他会因此对你不放心、不信任，不会让你担当责任，那你又何谈成功呢？

于可刚进杂志社的时候，创造性的工作领导从来不交给他，基本上每天就是打打文案、复印文件之类的。不过，他却有一个理想，就是要做一名优秀的记者。在这段时间里，于可并没有因为手上的活儿不如意而怠慢工作，这从他的办公桌上就能看出来。由于要打印的文件有时会很多，桌面上看上去显得有些乱，但是所有文件都分门别类，排列得也很合理，哪怕是一支笔也放在属于它的地方。

正是因为于可这些良好的工作习惯和工作表现，没过多久，社长就把一个紧要的采访任务交给他和另一名同事。因需要去外地，临走之前，于可比同事更快地找到了所要的资料。这都源于他办公桌上的文件归类摆放，找起东西来一点也不费劲。

出发之前，社长拍了拍于可的肩膀，对他说："小伙子，好好干，从你的办公桌就能看出你的能力，相信你一定会很出色。"

想要获得上司的青睐，也不是一件多难的事，有时候不需要你开口，甚至不需要你完成多么重要的事情，从小事做起，先从你的办公桌的陈设做起就足够了。大的道理说起来都差不多，但想要在职场中有所作为，你就必须关注像办公桌整洁这样的细节。

同时，办公桌上的整洁状况和东西的摆放秩序，也能够从一个侧面反映出一个人的能力和修养，因此，对于职场中人来说，别忽视小小的办公桌，对待办公桌也要像呵护自己的内心一样，不但要纤尘不染，而且要脉络清晰。

对于聪明的人来说，整理办公桌的过程，实际上也是整理思路的过程，不管你有多么忙，也要把办公桌收拾得像你的内心一样，使它天天整洁、有序。

美国西北铁路公司前董事长罗兰·威廉姆斯曾经说过："那些桌子上老是堆满乱七八糟东西的人会发现，如果你把桌子清理一下，留下手边待处理的一些东西，会使你的工作进行得更顺利，而且不容易出错。这是提高工作效率和办公室生活质量的第一步。"

著名心理学专家理查·卡尔森有一个被命名为"快乐总部"的办公室。那里的一切，包括办公桌是那样整洁、有序，处处给人以明亮、宁静之感。去拜访他的人都喜欢上他的办公室，而且在离去时心情总是比来时要好得多。

办公桌面的整洁有序不仅能帮助你提高工作效率，还会让大家觉得你是个可以信赖的好伙伴。试想一下，如果你的桌面总是乱糟糟的，找个文件都得翻上好半天，有哪个同事愿意跟你合作浪费时间呢？更不用说上司会信任你，重用你了吧？但这并不意味你必须每天需要花很多时间在整理办公桌上。你只需要做到以下四点，并长期坚持，形成一种习惯，就会让你的办公桌干净整洁。

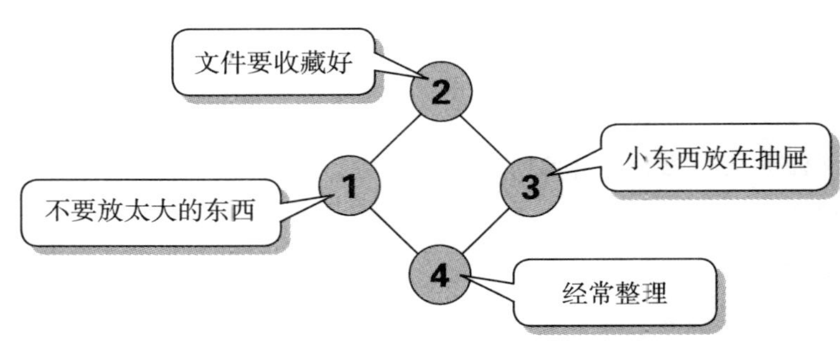

学会整理办公桌

整理01：不要放太大的东西

办公室桌面肯定会放置很多东西，例如文件夹，笔和纸等等，但是桌面上尽量不要放太大的东西，除非是一些不得不放的物品之外，其他的尽量不要放。桌面只需要放一些常用的文件、电话、便签、笔筒等。

整理02：文件要收藏好

文件是办公室里离不开的东西，但是这些文件一定不能乱放，要有条不紊地放置好，不用的文件夹收藏起来，目前要用的文件夹就放在桌子表面，这样不但能够提高工作效率，而且在找文件的时候还比较方便。这样看起来桌子上不再乱糟糟的。

整理03：小东西放在抽屉

把你经常用到的小物件最好放在隐蔽的地方，例如杯子、订书机、小本子可以放在抽屉里，不但节省了桌面的空间，还容易找到。

整理04：经常整理

如果看着办公桌面乱了，那你就随手整理一下吧！下班前也要养成随手整理东西的习惯，该规整的要规整，该清理的要清理，梳理电源线，摆放好椅子。

职场播报

头脑的整理，应从整理办公桌开始

办公桌是否整洁从侧面反映出一个人的个性。有人害怕整理桌面，是因为担心会破坏整个工作习惯，害怕找不到东西。有的人任意堆集资料文件，则是希望老板知道他们工作卖力，也有人是把资料摆布在桌上，来提醒自己有些工作没完成。不过，不论是什么动机，人们都有一个共同的特点，每当要找出需要的一件东西时，简直可以用“排山倒海”来形容那种窘态。

办公桌上杂乱无章，你会有什么样的感觉？你会觉得自己有堆积如山的工作要做，可又毫无头绪，好像根本没时间或者永远做不完一样，面对这样的工作环境，你根本无法感受到工作的轻松和快乐。很多时候，让你感到疲惫不堪的往往不是工作中的大量劳动，而是因为你没有良好的工作习惯，不能保持办公桌的整洁、有序，从而降低了工作质量，加重了你的工作任务，影响了你对工作的乐趣。

领导者的办公桌脏乱不堪，会对员工产生消极的影响。如果要求员工做事要有条不紊，自己就应该以身作则，首先清理好自己的办公桌。所以，不管有多么忙，也要把办公桌收拾得整洁、有序。在每天下班之前，要养成清理办公桌的习惯，把明天必用的、稍后再用的或不再用的文件都按顺序放置并保持桌面的整洁，这会使你繁重的工作变得有条不紊、充满乐趣。

事实上，一张堆积如山的桌子，会很容易让人分心，无法好好工作，清洁的桌面才能使人专心。根据调查，如果你手上的工作是唯一占据你视线的东西，那么你的注意力至少可以增加25%。假如这件工作在你下班之前仍然没完成，你才将它放在桌面的中央，如此你明天再重新开始工作时，至少可以让你节省15分钟。

零乱的桌面会显示出凌乱的思绪。整洁的桌面也能反映一个人的精神状态，至少可以看出你是不是爱整洁，是不是很拖拉，有没有一个良好的行为习惯。所以头脑的整理，应从整理办公桌开始。